Ursula Simgen-Buch (Hg.) • Die Kaltmamsell und der Koch

Ursula Simgen-Buch (Hg.)

Die Kaltmamsell und der Koch

Eine Liebe in 80 Feldpostbriefen

Bibliografische Information der Deutschen Nationalbibliothek
Die Deutsche Bibliothek verzeichnet diese Publikation in der Deutschen Nationalbibliografie; detaillierte bibliografische Daten sind im Internet über http://dnb.ddb.de abrufbar.

www.medu-verlag.de

HINWEIS:
Die Rechtschreibung der Briefe wurde
aus Gründen des Leseflusses aktualisiert.

Ursula Simgen-Buch (Hg.)
Die Kaltmamsell und der Koch
Eine Liebe in 80 Feldpostbriefen
Biografie

Dreieich bei Frankfurt/M.

Umschlaggestaltung: im Verlag

Printed in EU

ISBN 978-3-944948-99-7

Für Eugenie Simgen

[illegible] gestern mit grosser
Freude deinen lieben Brief, wofür
ich dir [illegible] herzlichst danke. Wie
[illegible] hat sich nun die
Lage [illegible] etwas verschoben, und
zwar zu meinen Gunsten, ich werde
[illegible] Wahrscheinlichkeit am 23. 10.
hier [illegible] und voraussichtlich am
26. 10. bei dir sein. Von der Grenze
aus werde ich dir aber dann noch
[illegible] schreiben, gell mein
Liebling, und dann werden wir

wissen kann es nicht schön [illegible]
[illegible] sein, deinen hat sich [illegible]
[illegible] natürlich sehr unangenehm [illegible]
[illegible]. Aber sonst geht es mir noch [illegible]
ich [illegible] noch von dir hoffe. Bis [illegible]

Vorwort

Etwa ein Jahr nach dem Tod unserer Tante stellte sich heraus, dass in einem Winkel des von ihr bis zu ihrem Tod im Jahre 2005 bewohnten Elternhauses in Mehlingen ein kleiner Koffer verborgen war, dessen Schatz zu heben wir nun, zehn Jahre später, den Mut und die aufregende wie trauerdurchtränkte Freude hatten. Rund 80 Briefe durften wir finden, die uns eine Liebesgeschichte erzählen, deren Tragik man zwar erahnen kann, da sie in Kriegszeiten eine von zahlreichen war, deren Intensität man aber nur zu spüren vermag, wenn man das Glück hat, Zeugnisse davon in Händen halten und weitergeben zu dürfen.

Mit der Veröffentlichung dieses Briefwechsels wollen wir an unsere Tante und ihren mit 24 Jahren im Krieg verschollenen Mann erinnern, stellvertretend für alle in einem irrsinnigen Krieg vergeudeten Leben. Vor allem aber liegt uns daran, einem jungen Liebespaar eine Chance zu geben, ihr kurzes gemeinsames Leben auf diese Weise in den Augen und Herzen möglichst vieler Menschen weiterzuführen.

Alsenborn, im Januar 2017

Ursula Simgen-Buch

Meine liebe kleine Hausfrau!

Mit sehr grosser Freude erhielt ich heute deinen Brief [illegible], wofür ich dir m[einen] herzlichst danke. Mit der meinen [illegible] erhielt [illegible] ich aber leider nicht so, wie du wohl meinst, mein Liebling, sondern meine Einheit hat [illegible] meine dir zugedachte [illegible], aber trotzdem werden wir doch das als gutes Omen für das neue Jahr werten, und hoffen, dass es uns den heissersehnten Frieden bringen möge, gell mein Liebling, [illegible] aufgeben haben doch deine Zeit ge[illegible] noch genug. So [illegible] die [illegible] [illegible] ge[illegible]ben, und das ist die Hauptsache, niemand [illegible] macht mir [illegible] Liebling mein, oder meinst du nicht auch, mein guter Schätzeln ?! Wenn das [illegible] dir das Schreiben so spät fällt, denn ich eigentlich nicht beschäftigen, mein Liebling [illegible] dessen kann ich bestimmt nicht [illegible]

Erinnerungen

Meine weitesten Ferienreisen in den ersten 13 Jahren meines Lebens waren die von Alsenborn nach Mehlingen – ganze 5 km entfernt! An den „Batzehäusern", dem direkt an der Kaiserstraße gelegenen Haus, lebten meine Großeltern, Tante Hedwig, Cousin Heiner und in den ersten Jahren noch eine Schwester meiner Großmutter, Tante Aenne.

Ferien in Mehlingen bedeuteten am frühen Morgen die Wahl, entweder von Tante Hedwig oder von Oma Lenchen gekämmt zu werden. Tante Hedwig striegelte mein Haar mit fester Hand, von Sanftheit war wenig zu spüren, doch die Zöpfe hielten den ganzen Tag über. Oma ließ das Ritual zu einem zärtlichen Genuss werden, das Bürsten konnte mir gar nicht lange genug dauern. Allerdings lösten die mit solcher Weichheit geflochtenen Zöpfe sich nach kurzer Zeit wieder auf. Da ich keine der beiden fürsorglichen Frauen verletzen wollte, durften sie immer abwechselnd für meine Frisur verantwortlich zeichnen.

Vor dem Frisieren aber gab es Kaffee – ein Getränk, das zu Hause für uns Kinder beileibe nicht zur Diskussion stand. Diesen verbotenen Genuss konnten wir uns keinesfalls entgehen lassen, mussten ihn aber, um wirklich Geschmack daran zu finden, reichlich mit Zucker aus einem orangefarbenen dünnen Glasschälchen versüßen. Dieses Schälchen steht noch heute, also ein halbes Jahrhundert später, im Küchenschrank des Großelternhauses in Mehlingen. Der darin befindliche Zucker ist mittlerweile auch mehr als ein Jahrzehnt alt und gemahnt an die letzten Jahre unserer Tante, als sie, stets in ihrem gemütlichen Sessel sitzend, nur noch kleine Happen essen und nur mehr wenige Schlucke zu trinken vermochte.

Eine geradezu aufregende Erfahrung bedeutete es für uns, wenn während unserer Ferienaufenthalte an der Birkenstraße ein nächtliches Gewitter stattfand. Denn an den Batzehäusern herrschte das ungeschriebene Gebot, dass während eines Gewitters bei Nacht sämtliche Hausbewohner sich im Wohnzimmer zu versammeln hatten, um im Falle eines Blitzeinschlages fluchtbereit zu sein. Der Blitz schlug Gott sei Dank nie bei uns ein, doch die gemeinsam verbrachte Zeit zu solch ungewöhnlicher Stunde blieb über die Jahrzehnte hinweg bis heute in Erinnerung.

Tante Hedwig wuselte tagein tagaus durch Haus und Garten. Es gab immer alle Hände voll zu tun: Der Garten, das große Haus, die Mahlzeiten, die Hunde, die Wäsche, die vielen Nachbarschaftsbesucherinnen. Am Waschtag traf man sie meist überhaupt nicht an, konnte sie nur, eingehüllt in Wasserdampf und Seifenlaugenduft, für ein paar Minuten in der Waschküche aufsuchen. An solchen Tagen sorgte Oma für eine kräftige Suppe.

Machte sich unsere Tante fertig für den Einkauf im Lebensmittelgeschäft, war unser Wunsch, sie begleiten zu dürfen, überwältigend. Nie versagte sie uns die Süßigkeiten, auf denen unsere Blicke sehnsuchtsvoll ruhten und nach denen uns im Stillen immer wieder verlangte: Ein Hanuta, ein Duplo oder aber ein Tütchen voller roter und schwarzer Himbeeren. Dass sie selbst über nur sehr bescheidene finanzielle Mittel verfügte, wurde uns, wie so viele andere Dinge auch, erst sehr viel später bewusst.

Der jährliche Rundgang über die Mehlinger und die Alsenborner Kerwe ließ die Herzen ihrer Nichten und ihrer Neffen regelmäßig höher schlagen, denn von Tante Hedwig gab es nicht nur Kerwegeld, sondern auch das „Kerwestück“. In meinem Fall war es vor allem ein kleines braunes Plüschbärchen, das mir aus der Auslage verheißungsvoll entgegenlächelte und mir viele Jahre treu zur Seite stand. Wenn ich später mit meinen Söhnen und heute mit meinen Enkeln die Verkaufsstände der Ortskerwe aufsuch(t)e, so geschah und geschieht das nie ohne einen von Dankbarkeit geprägten Gedanken an unsere Tante Hedwig. Leider wünschen sich Jungs kaum je Bärchen, sondern in aller Regel Waffen. Doch auch in diesem Fall gilt die unumstößliche Regel: Das Kerwestück muss einen Herzenswunsch erfüllen!

Nach dem Mittagessen im Großelternhaus wurde stets eine kleine Mittagsruhe gehalten – im Sessel sitzend, niemals liegend. Erst dann wurde der Abwasch gemacht im steinernen Spülbecken. Eine Spülmaschine hielt an den Batzehäusern ebenso wenig Einzug wie ein Mixer für die Sahne, obgleich es doch an jedem Wochenende und bei Festen in rauen Mengen Kuchen gab, zu denen Sahne gereicht wurde.

Wiewohl wir all unsere Feriennächte mit unserer Tante Hedwig in ihrem Zimmer verbrachten – noch heute erinnert mich der Klang des Verkehrslärmes der Kaiserstraße an diese Nächte in ihrem zur Straße hin gelegenen Zimmer –, haben wir doch leider niemals die Gelegenheit genutzt, sie nach ihrem Leben vor unserem Erscheinen zu befragen. Wohl hing ein Hochzeitsfoto im kleinen Wohn- und Fernsehzimmer an der Wand und wir wussten, Hedwig war gerade mal drei Flitterwochen lang mit ihrem Mann zusammen, bevor er auf immer verschwand.

Doch nach ihren Gefühlen und Wünschen, nach dem Wesen ihres Mannes, nach seinem Humor und seiner Zärtlichkeit – danach haben wir uns nie erkundigt. Auch nicht, wie sie sich damals im Bahnhofsrestaurant einst kennenlernten, wo sie als „Kaltmamsell" die kalten Platten arrangierte und er seine Ausbildung zum Koch machte. Ob sie selbst sich ebenfalls Kinder gewünscht hätte, wie alle ihre drei Schwestern sie bekamen, das kümmerte uns damals herzlich wenig. Sie war die Tante, mit der man so lange fernsehen durfte, bis auch sie selbst zu Bett ging – gleich welche Sendung, ob Nachrichten, Liebesfilme oder Krimis. Wonne pur!

Mit dem Erwachsenwerden verlor sich das Bedürfnis, nahezu alle Sonntagnachmittage mit der Familie in Mehlingen zu verbringen. Zur Kerwe besuchte man sie noch lange, irgendwann dann auch mit den eigenen Kindern, nahm die lebenslang gewohnte Gastfreundschaft in Anspruch, die bei solchen Gelegenheiten nicht nur den engeren Familienmitgliedern galt, sondern auch fernere Verwandte mit all ihren Partnern, die Bekannte und Nachbarn zu Hefekuchen aller Art strömen ließ. Bisweilen konnte diese Großzügigkeit eine merkwürdige Form von Tyrannei annehmen. Man musste, wollte man Hedwig nicht verärgern, unbedingt mehrere Stücke Kuchen verzehren, Hilfsangebote empfand sie als Affront, man durfte den Tisch weder decken noch abräumen, weder spülen noch im Wege stehen. Ein Abendessen lehnten wir schon bei der Ankunft dankend ab, was absolut nichts daran zu ändern vermochte, dass bald nach dem Kaffee große Schüsseln köstlichen Kartoffelsalates auf dem Tisch standen, Brot, Schinken, Käse. Und natürlich gegessen wurden.

Hedwig pflegte ihre Tante Aenne (die mit Beginn ihrer Pflegebedürftigkeit von Wiesbaden nach Mehlingen gezogen war), ihren Vater, ihre Mutter und Heinrich, einen weiteren Verwandten, bis zu deren Tod. Alljährlich zur Weihnachtszeit verschickte sie Lebensmittelpäckchen en masse – wo auch immer welche gebraucht wurden. Gelegentlich murrte sie ein wenig über die wohlmeinenden Menschen, die ihr zu diesem Zweck zwar Zucker und Mehl spendeten, nie aber Geld für die Paketgebühren oder Zeit, um mit ihr, die nie ein Auto besaß, die schwere Last zur Post zu bringen.

Sie selbst wurde älter und schwächer, buckliger und krank. Lange noch wäre die Gelegenheit gegeben gewesen, sie nach den uns unbekannten Facetten ihres Lebens zu fragen. Es wurde versäumt.

Und nun, 10 Jahre nach ihrem Tod, lässt sie uns durch die von ihr so sorgsam aufbewahrten Briefe teilhaben an den sicher intensivsten und trotz aller Entbehrungen bedeutsamsten Jahre ihres Lebens.

Das Veröffentlichen der poetischen Zeugnisse einer Liebe in Kriegsjahren möge dem Ziel dienen, sich die Kostbarkeit des Lebens jeden einzelnen Tag aufs Neue bewusst zu machen und dem Schicksal derer, die Liebe und Leben zu opfern gezwungen wurden, mit dem größten Respekt zu begegnen.

Fritz mit seiner Mutter und seiner Schwester Franziska

Hedwig mit ihrer Mutter Magdalena

Hedwig

Wiesbaden, 23. XI. 39

Eine kleine Abschrift. (Lied)

Du meines Herzens Krönelein,
Du bist von laut'rem Golde.
Wenn andere daneben sein,
Dann bist Du erst viel holde.
Die andern tun so gern gescheit,
Du bist gar sanft und stille.
Daß jedes Herz sich Deiner freut,
Dein Glück ist's nicht Dein Wille.
Die andern suchen Lieb' und Gunst
Mit tausend falschen Worten
Du, ohne Mund- und Augenkunst
Bist wert an allen Orten.
Du bist als wie die Ros' im Wald:
Weiß nichts von ihrer Blüte.
Doch jedem, der vorüber wallt,
Erfreut sie das Gemüte.

Abschrift eines Gedichtes
von Felix Ludwig Julius Dahn
durch Hedwig am 23.11.1939

Karneval 1939! Bei dem Rosenmontagsumzug in Mainz.
Parole: „Kornblumenblau ist der Himmel am sonnigen Rheine."

Brief von Fritz an Hedwigs Schwester Eugenie – einziger erhaltener Brief von Fritz aus dem Jahre 1940

Fürth, 14.4.40

Liebe Eugenie!

Da Du mir zuerst geschrieben hast, will ich auch Dir wieder schreiben. Gedacht ist der Brief natürlich an alle Deine Lieben.

Vorerst möchte ich mich für das schöne Paket bedanken, es hat mich sehr gefreut und der Kuchen schmeckt herrlich. Zu meinem Leidwesen u. Hedwigs Freude sitze ich noch immer in Fürth und drille Rekruten. Eine langweilige Beschäftigung auf die Dauer. Hedwig schrieb mir auch heute und teilte mir mit, dass sie diese Woche noch nach Hause zu Euch fahren wollte. Also wirst Du wohl Deine Schwester auch mal wieder bestaunen können. Vom 30.–5. April war ich zu Hause im Urlaub. Wir verlebten herrliche 7 Tage. Bei dieser Gelegenheit lernte ich auch Deine Oma und Tante kennen. Leider war das Wetter bis auf 2 Tage sehr unfreundlich und Hedwig und ich waren meistens zu Hause. Aber das kann ja einen alten Flieger nicht stören, die Hauptsache ist doch der Urlaub, das Wetter ist ja wohl dabei Nebensache.

Wenn der Krieg aus ist, und das lässt hoffentlich nicht mehr so lange auf sich warten, werde ich mich mal persönlich bei Euch vorstellen, damit Du mich auch mal persönlich an„peilen“ kannst. Aber in nächster Zeit werde ich Dir auch ein paar Bilder aus dem Kommisleben zuschicken. Da kann ich mich wenigstens bildlich einmal vorstellen.

Wie Deine Schwester Gertrud in dem Brief meint, dass sie frech wäre, das kann ich nun nicht sagen, unter Frechheit versteht man doch etwas ganz Anderes, zudem sie doch auch vollständig recht daran tat, was dem Einen recht ist, ist dem Anderen ein Trost, oder meinst Du nicht auch?

Ich muss jetzt leider schließen, denn der liebe Dienst ruft wieder mal und ich muss meine Stiefel noch etwas auf Glanz bringen. In der Hoffnung, dass Du und Deine Lieben noch gesund seid, was ich auch von mir noch behaupten kann, grüßt Dich, Deine Schwester und Deine Eltern

Euer Fritz

Grüße bitte Hedwig von mir

In der Mitte: Fritz

Postkarte von Fritz an Hedwig aus dem Jahre 1941

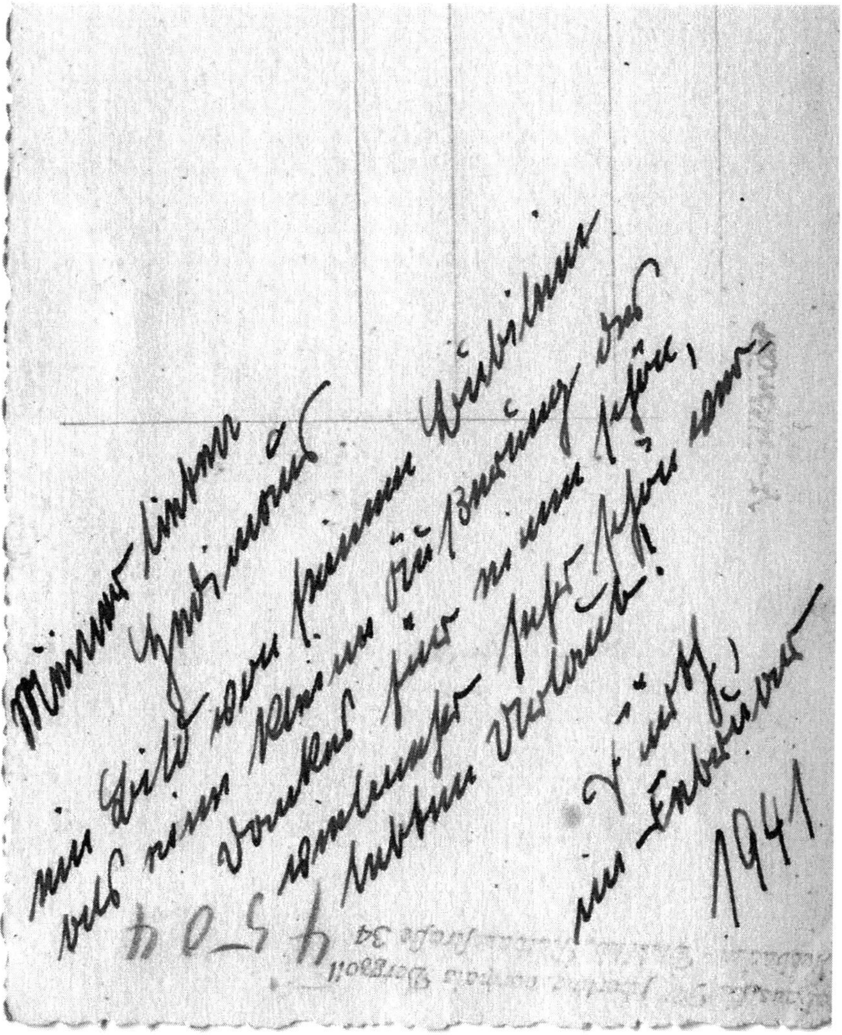

„Meiner lieben Hedimaus in Liebe von seinem Bubilein als eine kleine Äußerung des Dankes für einen schön, vielmehr sehr schön verlebten Urlaub! Fürth, im Februar 1941“

Erster erhaltener Brief von Fritz an Hedwig

Fürth, 1.3.41

Mein liebes kleines Hedilein!

Soeben erhielt ich deinen lieben Brief, wofür ich Dir auch herzlichst danke.

Deine Befürchtungen, die Du hast, sind grundlos, aber ich danke Dir innigst für deine Sorge, ich weiß halt immer und bringe es auch Dir immer zum Ausdruck, dass ich manchmal wirklich froh darüber bin, dass Du Dich so um mich sorgst und mich manches Mal auch ein bisschen ausschimpfst, denn ich bin wirklich manchmal ein dummer kleiner Junge.

Ein Päckchen von Dir erhielt ich gestern mit einem wundervollen Kuchen und ein paar Zigaretten, wofür ich Dir allerherzlichst danke. Nebenbei gesagt schäme ich mich wahnsinnig, dass ich Dir zum Dank, wie Du Dich immer so lieb um mich sorgst, auch noch so hässliche Briefe schreibe. Verzeih mir dies bitte, denn ich bin wirklich ein dummer Kerl und verdiene manchmal eine anständige „Kopfwäsche". Heute Nachmittag habe ich frei. Willst Du nicht zu Deinem Bubilein kommen? Ich wäre ganz namenlos glücklich, aber ich muss mich halt noch begnügen bis zum Juli, aber dann, mein Lieb, was dann kommt, kannst Du Dir ja denken. Deine kleinen Blumen, die Du mitschicktest, haben mir wieder ein Frühlingsahnen gebracht, ach Lieb, ich bin jetzt ganz glücklich.

Unser Briefverkehr war diese Woche wirklich nicht weit her, aber das soll sich wieder ändern. Ich leide auch furchtbar darunter, es ist ja auch allerhand, wenn zwei, die sich so innig liebhaben, wie gerade wir zwei, sich so wenig schreiben, aber Gott sei Dank liegt es ja nicht an uns. Ach Lieb, wenn nur die zwei Jahre schon um wären, die uns noch voneinander trennen, aber die Zeit geht ja auch rum, und dann gibt es wahrscheinlich wieder zwei ganz Glückliche. Es

Einladung zur Einweihung der Jagdfliegerschule Fürth im Dezember 1941

muss so schön werden, dass jeder Tag wie ein Urlaubstag ist. Genauso freue ich mich natürlich auf unseren gemeinsamen Urlaub in Mehlingen. Ich glaube, uns scheint jeden Tag dann die Sonne, und wenn es regnet wie aus Kübeln, freust Du Dich auch darauf. Es ist doch ein schönres Thema, von kommendem Glück zu sprechen, als vom vergangenen, denn das hat für mich so einen bitteren Nachgeschmack. Trotzdem denke ich so manches Mal daran zurück und kann es kaum fassen, wie mich mein Lieb glücklich gemacht hat, und ich hoffe, dass ich Dich so glücklich gemacht habe und weiterhin machen werde wie Du mich.

Jetzt muss ich leider schließen, denn ich muss den noch vorhandenen Platz ausnutzen, um mich zu verabschieden. In der Hoffnung, dass es dir, mein Lieb, noch gut geht, grüßt und küsst Dich mit inniger Liebe dein Dich so liebender „dummer kleiner Junge" Fritz.

Gruß und Kuss, Bubilein

TAGEBUCHEINTRAG VON HEDWIG

Fritz ist ab 8. November 1942 nach Russland unterwegs.
Am 4. April 1943 kommt Fritz für einen dreiwöchigen Urlaub nach Mehlingen.
Am 26.4.1943 muss er wieder nach Russland fahren.

Vom 22. Mai 1943 bis zum 3. Juni 1943 wird Hedwig wegen einer Tuberkuloseerkrankung im Krankenhaus behandelt.

Eugenie, Lenchen, Fritz, Trudel, Lissi – Mehlingen im April 1943

Briefe von Fritz an Hedwig

29.7.43

Meine innigstgeliebte Hedimaus!

Erhielt heute deine so überaus lieben Briefe (2 Stück an der Zahl), wofür ich Dir auch herzlich aus glücklichem Herzen danke! Du kannst Dir nicht vorstellen, mit welch einer Sehnsucht ich darauf gewartet habe.

Aber mit tiefem Erschrecken musste ich doch mal wieder feststellen, dass es mit deiner Gesundheit doch wieder an allen Ecken und

Enden hapert. Sowas habe ich ja schon geahnt und die Briefe geben mir die Bestätigung, deshalb bitte ich Dich nochmals, sei übervorsichtig, mein kleines Lieb, lass Dich nicht drängeln, es kommt doch nichts Gescheites dabei raus. Das siehst Du doch ein, gell, mein Liebling? Denke immer daran, dass es für Dich wichtiger ist, gesund zu bleiben, als Dich irgendwie hinmachen zu lassen.

Mir geht es zurzeit wieder etwas besser, beim Arzt war ich noch nicht, ich weiß es nämlich auch so, was er mir zu sagen hat. Mein Aussehen ist auch noch sehr gut und ob ich wirklich nur noch aus Haut und Knochen bestehe, das sollst Du feststellen, wenn ich zu Dir in Urlaub komme. Aber ich bitte schon jetzt um ein mildes Urteil. Zudem hoffe ich, dass Du dann als mein kleines Fraule so um mich besorgt sein wirst, dass ich dann etwas dicker werde!

Heute fährt nun ein Kamerad von hier auf Urlaub, auch um zu heiraten. Er wird mir dann erzählen, wie die Sache in der Kirche läuft! Bloß hab ich dann natürlich jetzt wieder mehr Arbeit, der Lehrgang geht weg und ein neuer kommt, in Stärke von 1000 Mann. Dafür bin ich aber auch 4 Wochen alleine. Aber ich muss es wohl durchhalten, damit ich auch möglichst bald zu Dir komme, mein kleines Lieb.

Ach du, ich bin ja so glücklich, wenn ich an die vor uns liegenden Urlaubstage denke, werde ich schon ganz glücklich! Aber wie kommst Du darauf, dass ich Dir böse wäre, Du dummes kleines Lieb, ich hab Dich doch ganz im Gegenteil so sehr lieb und habe so viel Sehnsucht und Heimweh nach dir, genauso viel wie du, mein Liebling! Und ich fiebere genauso wie Du einem Wiedersehen entgegen, denn ich möchte meinen Kopf wieder einmal an deine Brust legen und mich ausruhen, nichts hören und sehen, nur dich, mein kleines Lieb, denn ich bin ja sooo müde.

Sind die Hunde übrigens angekommen, es sollen Foxterrier sein, ¼ Jahr alt, also bestimmt nicht bissig! Sonst weiß ich für heute nichts Neues mehr, sei deshalb herzlich gegrüßt und innigst geküsst, geliebtes Hedilein, von Deinem Dich liebenden Bubilein.

Glückwunschkarte zur Verlobung – geschickt von Fritz´ Bruder Hans

4.8.1943

Meine innigst geliebte Hedimaus,

heute erhielt ich deinen mit sehr viel Sehnsucht erwarteten Brief, wofür ich Dir auch herzlich danke. Inzwischen hast Du ja deine altgewohnte Beschäftigung wieder aufgenommen, wozu ich Dir sehr viel Glück wünsche. In den ersten Tagen wird es Dir ja sehr ungewohnt vorkommen nach der langen Pause, aber bis zu meinem Urlaub wirst Du Dich wohl wieder so daran gewöhnt haben, dass es Dir am Ende noch schwerfallen wird, wieder auszusetzen, oder was meinst du, mein kleines Fraule?!! Dass sich deine Kolleginnen freuen, dass Du die Arbeit wieder aufnimmst, kann ich mir vorstellen, lass Dich aber bloß nicht gleich wieder als Sündenbock benützen und zu viel Arbeit aufhalsen, gell, mein Liebling. Du bist doch bestimmt noch sehr schonbedürftig?!

Aus Deinem Brief musste ich aber wieder entnehmen, dass sich mein Liebling wieder oder noch sehr viel Sorgen um mich macht. Ich will nicht abstreiten, dass sie nicht berechtigt wären, aber so schlimm ist es auch wieder nicht. Gegenwärtig ist eine mächtige Hitze hierzulande, unter der ich sehr zu leiden habe, aber die wird ja auch vorübergehen. Deswegen möchte ich aber auch nicht zum Arzt laufen, der behält mich bestimmt da und dann habe ich das schäbige Vergnügen, bei der Hitze auch noch das Revier zu „schmücken". Vor allen Dingen geht mir dann mein Heiratsurlaub flöten und davor habe ich am meisten Angst! Übrigens sind die Bürgschaftszeugen schon „aufgerufen" und ich warte jeden Tag mit dem Eintreffen der Antwortschreiben. Dann wären wir ja soweit, gell, mein kleiner Liebling!!!

Wie Du schreibst, hast Du deine Ferientage soweit ganz gut verbracht und denkst viel an den Tag, an dem Du wieder arbeiten musst. Was darüber zu sprechen ist, habe ich Dir ja bereits gesagt, gell, mein Liebling. Richte Dich auch bitte etwas danach!

Dass die Hunde noch nicht eingetroffen waren, ist Pech, aber hoffentlich kommen sie bald an.

Dass Du sehr viel Sehnsucht nach mir hast, glaube ich Dir sehr gern, mein Liebling. Mir geht es ebenso und ich hoffe ganz zuversichtlich, dass wir uns bald wieder in den Armen liegen können, mein Liebling, zudem wir auch hoffentlich eine Wohnung für uns haben werden.

Das wäre nun für heute mal wieder alles. Sei nun herzlich gegrüßt und innigst geküsst von Deinem Bubilein.

5.8.1943

Meine vielgeliebte Hedimaus!

Mit großem Staunen erhielt ich heute dein Paket aus Mehlingen, wofür ich Dir auch herzlichst danke. Dass ich mich wahnsinnig darüber gefreut habe, wirst Du wohl auch so wissen, gell, mein kleines Lieb, oder muss ich Dir das noch extra betonen? Leider ist der Kuchen inzwischen steinhart geworden, wenn man ihn aber lange einweicht, kann man ihn aber noch essen. Mach Dir deswegen keine Sorgen, gell, mein liebes Fraule! Jedenfalls wird er mir schon deshalb gut schmecken, weil Du ihn gebacken hast, das ist doch Ehrensache, ja, mein Liebling!

Wie geht es Dir sonst, mein kleines Lieb, ich hoffe doch noch gut, mir geht es leider nicht zum Besten, zudem herrscht gerade eine trockene wahnsinnige Hitze hier, vielleicht ist die daran schuld. Jetzt ist der Lehrgang auf 10 Tage weg, da kann ich mich ja auch wieder ein klein wenig erholen. Wollen halt das Beste hoffen, gell, mein Liebling!

Für heute sei nun herzlichst gegrüßt und ganz innig geküsst von Deinem Bubilein.

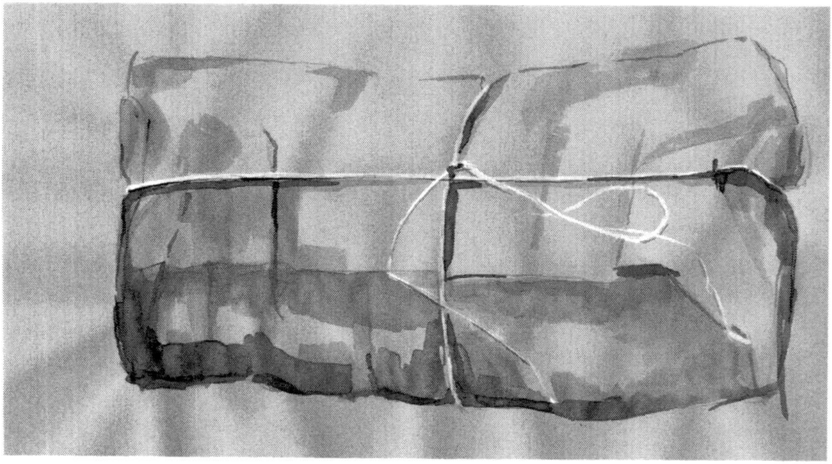

7.8.1943

Liebe Hedimaus!

Fahre am 13.10. hier weg mit Heiratsgenehmigung, komme voraussichtlich am 18.10. bei Dir an, besorge aber bis dahin noch eine Verlängerung der Eheunbedenklichkeitserklärung. Die eine gilt ja nur bis 9.8., damit wir gleich heiraten können.

Bis zu unserem Wiedersehen herzliche Grüße von Deinem Bubilein.

10.8.43

Meine innigstgeliebte Hedimaus!

Nach langer Wartezeit erhielt ich heute glückstrahlend und mit innigstem Dank deinen lieben Brief vom 1.8.

Nun hast Du also schon die ersten 10 Tage im Hauptbahnhof wieder um, hoffentlich hat es Dich nicht gar so sehr angestrengt!? Bei mir hat sich inzwischen auch wieder was geändert, ich bin nämlich seit dem 1.8. Uffz (Unteroffizier) geworden! Damit wäre ja auch wieder ein langgehegter Wunsch in Erfüllung gegangen, gell, mein kleines Lieb!

Wie ich aus Deinem Brief entnehmen konnte, gestaltete sich deine Rückfahrt nach Wiesbaden nicht gerade angenehm, aber die Hauptsache ist doch, dass Du wohlbehalten zu Hause ankamst! Ich wollte, ich wäre auch wieder soweit, aber der Tag wird ja auch hoffentlich bald mal wieder kommen! Deine Sorge um mich ist nicht ganz unbegründet, mein Liebling, aber es ist nicht so schlimm wie Du Dir vielleicht vorstellst, ich habe jetzt schon 8 Tage Durchfall, dass das nicht zu meinem Wohlbefinden beiträgt ist klar, gell, mein Liebling.

Die Fliegerangriffe hier haben sich ja überlebt, minimal wurden von zehn angreifenden russischen Stukas acht runtergeholt. Da hat sich Iwan das Wiederkommen doch stark überlegt. Das, was er erreichen wollte, hat er nicht erreicht, dafür war der Empfang doch zu warm hier!

Deine Müdigkeit wird auch wieder vergehen, mein kleines Lieb, wenn Du Dich wieder in den grauen Alltag reingefunden hast, es wird Dir allerdings etwas schwerfallen!

Die große Hitzewelle war auch hier, mein kleines Lieb, jedoch ist es seit gestern wieder sehr kühl geworden. Deinen Eheunbedenklichkeitsschein brauche ich nicht mehr, da ich ja alles eingereicht habe, bevor es verfallen ist!

Über unser Heimweh und unsere Sehnsucht will ich mich weiter gar nicht mehr auslassen, mein kleines Lieb, es ist wirklich zu schwer und zu bitter, jedoch, so Gott will, werden wir uns ja bald wieder haben für einige ganz glückliche Tage, gell mein kleines Lieb, die wir beide ganz allein auskosten werden. Ach, mein Liebling, ich freue mich ja schon so wahnsinnig auf ein paar armselige Tage, in denen wir uns wieder angehören dürfen, das kann sich gar niemand vorstellen.

Für die Grüße von Tante Aenne meinen herzlichsten Dank, grüße sie bitte wieder! Für heute sei nun tausendmal gegrüßt und innigst geküsst, meine geliebte kleine Hedi, von Deinem Bubilein

16.8.1943

Meine innigstgeliebte Hedi!

Erhielt heute deinen lieben Brief, wofür ich Dir auch herzlichst danke.

Dass Du eine ganze lange Woche keine Post von mir bekommen hast, kann ich verstehen, mein Liebling, vielleicht kommt auch wieder alles auf einmal. Sorgen brauchst Du Dir aber keine um mich zu ma-

chen, mein kleines geliebtes Hedilein, mir geht es soweit wieder ganz gut, das Wetter hat auch hier mächtig abgekühlt, den Sonnenschein vermisst bis jetzt noch niemand, er hat uns zu ausgiebig geplagt.

Deine ersten Arbeitstage hast Du ja nun auch hinter dir, dass Du in der ersten Zeit ziemlich hin warst, glaube ich Dir sehr gerne, Du armes Lieb, aber jetzt wird es ja auch wieder besser sein, gell, mein Liebling.

Mit meinem Urlaub scheint es tatsächlich zu klappen, Du darfst Dich schon ein ganz klein wenig darauf freuen, aber nicht so viel, wer weiß, was die Zukunft noch für Überraschungen bringt, gell, mein Lieb!

Für heute sei nun herzlichst gegrüßt und innigst geküsst von Deinem Bubilein

19.8.1943

Meine innigstgeliebte Hedimaus!

Erhielt heute deinen lieben und so halb entsagungsvoll verzweifelnden Brief, wofür ich Dir auch allerherzlichst danke. Mein armes kleines Mauselkind. Dass Du schon vierzehn Tage keine Post von mir hast, ist sehr schlimm, aber an mir liegt da ausnahmsweise nicht die Schuld, ich habe alle deine Briefe sofort beantwortet, das weißt Du doch, gell, mein kleiner Liebling, es kann also nur mal wieder an der Post liegen. Böse bin ich Dir auf keinen Fall, mein kleines liebes Fraule, ich hab Dich sogar so lieb, wie Du Dir es wohl kaum vorstellst, oder doch? Du weißt es ja auch so, gell, mein Liebling?!! Das darfst Du überhaupt nie denken, dass ich Dir mal böse sein könnte, denn dafür hab ich Dich viel zu lieb, mein kleiner dummer Liebling! Gesundheitlich geht es mir wieder ganz gut, wenn man das auch nur von Dir sagen könnte, führe bitte deinen Vorsatz aus und gehe mal wirklich zum Doktor!

Mit meiner Arbeit hier geht es im alten Trab weiter. Ich wiege noch ganze 130 Pfund und sehe nach Kameradenurteil so aus, als wenn ich auf einen günstigen Augenblick zum Verhungern warte (ist doch eine Frechheit?!).

Ich hoffe, nächsten oder spätestens übernächsten Monat auf Heiratsurlaub zu kommen, richte Dich danach, mein Liebling.

Für heute sei nun herzlichst gegrüßt und innigst geküsst von Deinem Bubilein.

Ohne Post

Kein Brief von dir. — Ich bin so traurig heut.
Ich schrieb dir immer doch so treu und lieb
und hatte mich auf deinen Gruss gefreut.
Doch nichts für mich, wo bloss die Post verblieb?

Den ganzen Tag lauf ich verstört umher
und frage mich: Hab ich dir weh getan?
Ach Kind, du machst das Herz mir schwer.
Bist du mir bös? Nein, tu mir das nicht an.

Vielleicht gar, teurer Liebling, bist du krank
und liegst im Fieber da? Ach, wüsst ich's bloss!
Ich denk an Tristan und den Zaubertrank
Isoldens, und ich komm von dir nicht los.

Nun ist es Abend, und der Tag war leer
und ohne Sonne und der Himmel kalt.
Wie soll ich schlafen diese Nacht? So sehr
hab ich dich lieb! Mein Herz, schreib mir recht bald!

H. O. R.

Von Hedwig an Fritz

24.8.1943

Meine innigstgeliebte Hedimaus!

Um Dir unnötiges Herzeleid und unnötige Sorgen zu ersparen, mein kleiner Liebling, will ich Dir heute doch ein paar Zeilen zukommen lassen!

Ich hoffe doch, dass es Dir noch gut geht, was auch bei mir der Fall ist. Wie ich schon an Tante Aenne schrieb, kann ich mir vorstellen, dass Du so lange keine Post von mir bekommst. Schreiben tu ich ja sofort, das wirst Du ja wissen, gell, mein kleiner Liebling. Vielleicht üben die harten Kämpfe, die hier oben im Gange sind, einen Einfluss auf die Postversorgung aus, denn zunächst muss ja die nötige Menge an Munition verladen werden, das sieht mein kleines Hedikind doch auch ein, gell, mein Liebling?

Mit meinem Urlaub sehe ich noch nicht ganz klar, mein kleines Lieb, mit 95 Prozent Wahrscheinlichkeit werde ich aber Ende übernächsten Monats wieder mal bei Dir sein, Du kannst Dich schon ein ganz klein wenig darauf freuen.

Dass Hans verwundet ist, wirst Du ja inzwischen auch schon erfahren haben, der arme Kerl tut mir ganz furchtbar leid, denn die Schmerzen möchte ich nicht aushalten!

Nun sei für heute herzlichst gegrüßt und innigst geküsst von Deinem Bubilein

26.8.1943

Meine innigstgeliebte Hedimaus!

Heute an einem niederdrückend grauen Herbsttage will ich wieder einige Zeilen an Dich richten, damit ich wenigstens einen kleinen Lichtblick habe. Auf Post von Dir warte ich auch schon bald wieder acht Tage, diese Warterei geht einem auf die Nerven, deshalb habe ich mir folgenden Vorschlag ausgedacht, denn Du leidest ja genauso unter der Postlosigkeit wie ich. Wir beide wollen jeden zweiten Tag einen Brief schreiben, wenn Du einverstanden bist, mein kleiner Liebling, wenn Du mal ganz müde sein solltest, schreibst Du mir wenige Zeilen. Bist Du damit einverstanden, mein kleines Fraule, denn diese Warterei geht nicht mehr so weiter, sie reißt wirklich an deiner und meiner Nervenkraft. Zudem wo jetzt auch eine harte Zeit für mich und meine Kameraden kommt, denn alle paar Minuten schrillen die Alarmpfeifen, Partisanen und Flieger im bunten Durcheinander, da möchte ich mit Dir laufend im Briefwechsel sein, mein Liebling, man kann ja nie wissen, für was es gut ist!

Sei nun herzlich gegrüßt und innigst geküsst von Deinem Bubilein

28.8.1943

Meine innigstgeliebte Hedimaus!

Soeben erhielt ich nach langem und qualvollem Warten deinen so überaus lieben Brief, wofür ich Dir auch herzlichst danke!

Ja, mein Liebling, es geht mir noch sehr gut, passiert ist mir weiter auch noch nichts, und ich hoffe, dass dies auch weiterhin so bleiben wird. Wie geht es dir, mein geliebtes kleines Hedilein, hoffentlich doch auch noch gut?! Mein armes Lieb, dass Du 14 Tage auf Post von mir warten musstest, das war ja ganz schrecklich, ich werde mich aber jetzt in Zukunft bemühen und Dir alle zwei Tage eine Nachricht senden! Damit hätte ich Dir deinen Wunsch erfüllt, gell, mein kleiner Liebling, und Dir auch eine große Sorge abgenommen. Allerdings hoffe ich auch, dass mein kleines Lieb mir auch ab und zu mal so zwischendurch eine kleine Nachricht zukommen lässt, denn ich hungere ja genauso nach Nachrichten wie du!

Dass das Wetter bei Euch zu Hause so herrlich ist, mein kleiner Liebling, freut mich riesig, allerdings habe ich auch ein ganz klein wenig Heimweh dabei, ich möchte doch so gerne mit dir, mein kleines Lieb, spazieren gehen und die komischen Zeiten etwas vergessen, aber leider ist ja nur der Wunsch der Vater des Gedankens. Ja, unsere Gedanken sind dauernd zusammen, sie befinden sich dauernd auf einer sehr großen Reise, hoffentlich nicht mehr allzu lange!

Mit unseren Briefen ist es eine ganz besondere Sache, sie schreien nämlich geradezu vor Sehnsucht, sozusagen als Gradmesser unserer Liebe. Denn darüber wollen wir uns beide ja mal einig sein, so richtig voll und ganz glücklich können und wollen wir ja bloß sein, wenn wir zusammen sind. Wenn ich abends nicht einschlafen kann, muss ich so oft an Dich denken, auch an die so schön verlebte Urlaubszeit, dann möcht' ich wohl manchmal schreien und fragen: „Warum ist die jetzige Zeit so grausam und trennt die Menschen von ihrer Heimat und ihren Lieben?" Manchmal ist es unfassbar, findest Du das nicht auch, mein kleines Lieb?

Vor einigen Tagen erhielt ich von Lissi auch mal wieder einen Brief, sie scheint sich gar nicht mehr so wohlzufühlen, denn sie schrieb mir da was von Führer-Anwärterin von der SS, ich bin mal neugierig. Im Urlaub will sie mir Näheres erzählen.

Was machen die Hochzeitsvorbereitungen, mein kleines Lieb, hoffentlich geht noch alles in bester Ordnung, ich freue mich sehr darauf.

Für heute sei herzlichst gegrüßt und innigst geküsst von Deinem Dich so sehr liebenden Bubilein

30.8.1943

Meine innigstgeliebte Hedimaus!

Erhielt heute dein Paket Zeitungen, wofür ich Dir auch allerherzlichst danke.

Weißt du, mein kleiner Liebling, mir geht aber dauernd ein Satz aus Deinem letzten Brief im Kopf rum, nämlich war die Rede von einer gemütlichen Ecke schaffen, sobald der Krieg hier vorbei ist. Als ich dies gelesen hatte, hätte ich Dich am liebsten halbtot geküsst, denn ich sehne mich ja so darauf, was Du immer so lieb beschreiben kannst! Hoffentlich geht dieser unser aller beider Sehnsuchtswunsch auch recht bald in Erfüllung!

Für heute die herzlichsten und innigsten Küsse von Deinem Bubilein.

Viele Grüße an Tante Aenne.

1.9.1943

Meine innigstgeliebte Hedi!

Nun ist wieder ein Tag vergangen und ich will Dir wieder mit ein paar kurzen Zeilen ein Lebenszeichen von mir senden, ich habe nun wieder eine Beschäftigung mehr, nämlich Flöhe fangen. In diesem verfluchten Land lernt man aber auch alles kennen.

Wie geht es dir, mein Liebling, hoffentlich doch noch gut, was ich auch noch von mir berichten kann. So langsam wird es wieder Winter.

Sei nun für heute herzlichst gegrüßt und innigst geküsst von Deinem Bubilein.

3.9.1943

Meine innigstgeliebte Hedimaus!

Heute will ich es nicht versäumen und Dir wieder einige Zeilen zukommen zu lassen, damit Du nicht umsonst auf Nachricht von mir warten musst.

Mir geht es soweit noch gut, was ich auch von Dir hoffe, mein Liebling. Heute sind es nun genau vier Jahre her, seit dieser Krieg losging, damals hätte wohl niemand geahnt, dass wir noch heute mitten im schwersten Kampf stehen würden und inzwischen durch halb Europa gezogen sind. Ja, es hat sich in diesen vier Jahre sehr viel verändert, ganze Landstriche stecken in Schutt und Asche und das Grauen und die Angst vor dem Morgen sind als ständiger Gast bei den Menschen eingekehrt! Es ist beinahe so wie im 30-jährigen Krieg und trotzdem besteht zwischen einzelnen Menschen, so wie bei uns beiden, noch immer die Hoffnung auf ein baldiges und schönes Glück, gell, mein Liebling, es ist doch so, ich weiß nämlich, dass Du mir auch darin zustimmen wirst! Für uns beide wird ja bald diese Stunde da sein, wo wir uns in jubelndem Glück zusammenfinden werden, ich sehne diese Stunde herbei, genau wie du, mein kleines Lieb. Denn meine Liebe zu Dir findet fast keine Grenzen, doch das muss ich Dir ja nicht immer versichern, das weißt Du ja auch so, gell, mein Liebling!?

Für heute die herzlichsten Grüße und innigsten Küsse von Deinem Bubilein

6.9.1943

Meine innigstgeliebte Hedimaus!

Erhielt soeben deinen lieben Brief vom 30.8., wofür ich Dir auch allerherzlichst danke. Ja, mein kleiner Liebling, das weiß ich wohl sehr gut, dass Du immer sehr beruhigt bist, wenn Du Post von mir erhältst, viel besser wäre es ja, wenn der Krieg zu Ende wäre und ich immer bei Dir sein könnte, gell, Dir doch auch mein kleines Hedilein?

Dass mein Heiratsurlaub nicht gerade aus drei Tagen bestehen wird, das glaube ich bestimmt nicht, mein kleines Lieb, das mindeste werden wohl 12 Tage sein, wenn nicht noch mehr, da kannst Du also vollkommen beruhigt sein, mein Liebling, aber ob dann Zeit zur Erholung bleiben wird, das bezweifle ich doch sehr, Du nicht auch so ein ganz klein wenig, mein kleines Lieb? Bezweifeln tu ich aber nicht, dass du, mein kleines Lieb, wieder alles tun wirst, um mir den Urlaub so schön wie möglich zu gestalten und mich ganz lieb zu „bemuttern" und darauf freu ich mich schon ganz gewaltig! Dass Du nun wieder ganz gesund bist, mein kleines Lieb, freut mich wirklich ganz riesig, denn eine gute Gesundheit ist doch das Beste, was ein Mensch besitzen kann, vor allen Dingen freut es mich für dich, mein Liebling, da hast Du doch wenigstens keine Schmerzen mehr.

Mir geht es hier soweit auch noch gut, mit der Arbeit ist es halb so schlimm, obwohl sie sich eher vermehrt als nachlässt. Aber dahinter steht ja ein erstrebenswertes Ziel, nämlich der von uns beiden so heiß ersehnte Heiratsurlaub! Von einer Urlaubssperre ist zur Zeit noch nichts bekannt hier, wir wollen doch hoffen, dass sie nicht noch eintritt, sonst werde ich glatt verrückt! Aber dass ich schon im September komme, glaube ich nicht, es wird wohl schon Oktober darüber werden, doch das ist ja letzten Endes auch nicht so schlimm. Die Hauptsache ist doch, dass ich überhaupt komme und wenn wir beide den ganzen Urlaub im Zimmer verbringen müss-

ten! (Das dürfte dann auch seine guten Seiten haben, oder meinst Du nicht auch, mein kleines Lieb?!)

Mit den Hochzeitsvorbereitungen bist Du ja nun soweit am Ende, wie Du schreibst, nur macht Dir das bewusste Kleid noch Sorgen, wenn Du es nicht bekommen solltest, ist das ja auch weiter nicht schlimm. Deswegen heiraten wir doch, gell, mein Liebling?!

Ja, mein Lieb, ich freu mich ja auch so auf die paar Tage, die wir dann als ganz junge Eheleute zusammen sein dürfen, aber ob das Glück von uns noch gesteigert werden kann, bezweifle ich doch ein ganz klein wenig, doch ich lasse mich überraschen!! Wie ich mich als Ehemann fühlen werde, willst Du wissen, mein kleines Lieb, bestimmt maßlos glücklich, zudem wo ich noch so ein liebes Fraule haben werde, das glaubst Du doch, mein kleines Lieb?!

Für heute sei nun herzlichst gegrüßt und innigst geküsst von Deinem Dich so sehr liebenden Bubilein.

8.9.1943

Meine innigstgeliebte Hedimaus!

Habe soeben ganz unerwartet dein so schönes Paket erhalten, wofür ich Dir auch allerherzlichst danke. Ich will auch gleich die Gelegenheit ergreifen und Dir den fälligen Zweitagebrief schreiben. Du darfst nun aber nicht denken, dass es immer eines derartig großen Anstoßes bedarf!! Dass ich es aber nicht vergesse, eben kommt eine Ordonnanz von der Schreibstube und erinnert mich daran, dass Du noch ein Papier besorgen musst. Nämlich eine amtsärztliche Untersuchung nach Wassermann, was das ist, weiß der liebe Gott, setz Dich also mal mit einem Amtsarzt in Verbindung und schicke den Wisch so schnell als möglich an mich! Ich hatte schon deswegen mit dem Spieß Krach, ich sagte zu ihm, wenn das verrückte Papiersuchen nicht bald aufhören würde, würde ich auf die gan-

ze Genehmigung verzichten. Da hat man so seinen Ärger mit den verd… Heiratspapieren! Sei also so gut und erledige dies auf dem schnellsten Weg, ich wäre Dir sehr dankbar dafür! Einmal wird es ja soweit sein, dass wir endlich heiraten dürfen, ich bin dann dem Vater Staat sehr dankbar, dass er eventuell aufgrund des ganzen Papiers vielleicht gütigst die Genehmigung, trotz parteilicher Eheförderung, erteilt zum endgültig Glücklichsein!

Aber nun mal zu dir, mein Liebling, wie geht es Dir überhaupt, hoffentlich doch noch gut, was ja auch bei mir noch der Fall ist. Bist Du noch immer so müde und abgespannt, hast Du auch nicht mehr so viel Arbeit? Bei mir ist dies ja alles noch in für mich erträglichen Grenzen, jedenfalls vorläufig noch, man weiß ja nicht, was die Zukunft noch bringen wird, aber das wird sicher auch zum Aushalten sein, hauptsächlich, wenn man dabei noch immer an seine liebe kleine Hedi, die so ferne in Wiesbaden auch ihre großen Sorgen hat, denken kann. Der Krieg wird ja auch einmal ein Ende haben, ob siegreich oder nicht, für uns entscheidet ja eine höhere Macht als wir kleinen Menschen, und dann werden wir das bisschen Glück, das uns dann noch übrig bleibt, in vollen Zügen genießen dürfen.

Ja, mein kleiner Liebling, manches Mal hat man auch als alter Soldat so ein paar kleine Zukunftsträumereien, wobei es einem ganz warm um's Herz werden kann. Wenn man dann die Zerstörungen hier alle so sieht, dann sieht man mit doppeltem Glücksgefühl in die Zukunft, denn auf den Trümmern des alten wird das neue junge Leben blühen! So ähnlich sagte schon Schiller und der muss es ja schließlich wissen! Für heute sei nun herzlichst gegrüßt und innigst geküsst von Deinem Bubilein.

13.9.1943

Mein innigstgeliebtes Hedilein!

Erhielt heute deinen lieben Brief, wofür ich Dir auch herzlichst danke!

Weißt du, was mich ganz besonders gefreut hat, dass Du auch mal alle zwei Tage schreiben willst, dann brauch ich wenigstens nicht mehr so viel Angst zu haben, denn es ist doch ein komisches Gefühl, wenn man mal ein paar Tage keine Post bekommt. Das weißt Du ja selbst am allerbesten, gell, mein kleines Lieb.

Du schreibst, ich brauche nicht so viel Angst zu haben, weil Du in Wiesbaden sitzt, aber dem Engländer ist ja in dieser Beziehung nicht zu trauen! Hier gewöhnt man sich langsam daran, ich hab nur einen Wunsch, dass der Krieg bald aus ist. Dem Winter sehe ich mit gemischten Gefühlen entgegen, wahrscheinlich werden wir sehr frieren müssen. Mit Italien hat sich ja inzwischen meine Aussage bewahrheitet. Aber wir werden und müssen weiterkämpfen, es steht zu viel auf dem Spiel, nämlich Ihr und die Heimat.

Im Übrigen hoffe ich, recht bald wieder mal bei Dir zu sein, mein kleines Lieb, denn ich habe eine sehr große Sehnsucht nach dir.

Sei für heute herzlich gegrüßt und innigst geküsst von Deinem Bubilein.

18.9.1943

Meine innigstgeliebte Hedimaus!

Erhielt gestern deinen lieben „Zwischenbrief“, wofür ich Dir auch herzlichst danke.

Will mir jetzt mal schnell die Zeit stehlen, um auch Dir wieder ein paar Zeilen zukommen zu lassen. Zurzeit ist nämlich der Teu-

fel los hier, meine Arbeitszeit geht von morgens 4.00 bis abends 11.00 oder 11.40, anschließend dann noch Partisanenjagdkommando oder Fliegerschäden ausbessern. Also wie Du siehst, mein kleines Lieb, auch hier Arbeit in Hülle und Fülle, nur kein Personal. Aber es ist egal, einmal wird auch diese Schinderei wieder aufhören, und dann werde ich Dich wieder mit mehr schriftlichen Nachrichten entschädigen, gell, mein kleines Lieb! Sei mir bitte auch nicht böse, wenn Du mal etwas auf Post von mir warten musst, ich nutze jede freie Minute, die mir bleibt, um dir, mein kleines Lieb, zu schreiben!

Ich freue mich nur auf den Urlaub, denn da werde ich mich in deinen Armen von all dem verrückten Getriebe hier in aller Ruhe erholen können. Sonst geht es mir aber noch gut, mein kleines Fraule, was ich auch von Dir hoffe. Vor allen Dingen hoffe ich, dass Du nicht so viel Arbeit hast, aber bei Dir wird es leider genauso sein.

Sei nun für heute recht herzlich gegrüßt und innigst geküsst, dein Bubilein

19.9.1943

Mein innigstgeliebtes Hedilein!

Erhielt heute ganz überraschend deinen lieben Brief vom 24.8., wofür ich Dir auch herzlichst danke. Besonders für die Glückwünsche von Dir und Tante Aenne zur Beförderung herzlichen Dank, deswegen brauchst Du aber nicht gleich „Herr Unteroffizier" zu flöten, mein Liebling. Für Dich bin ich doch trotz der Tressen noch derselbe geblieben! Das glaubst Du doch mein kleines Lieb, oder nicht?

In der langen Zeit, wo der Brief unterwegs war, hat sich ja sehr vieles geändert, sogar das Wetter, denn hier ist es inzwischen sehr rasch und unvermittelt Spätherbst geworden. Von Hitze kann also weiter gar keine Rede sein, hier geht das Thermometer des Nachts schon tief dem Nullpunkt zu!

Du fragst mich nun, wie die Feier so verlaufen ist, das kannst Du Dir ja eigentlich denken, ich bin widerwillig hingegangen und war anschließend drei Tage krank. Du weißt ja selbst, dass ich am liebsten alleine bin, noch lieber mit Dir alleine, was ja zur Zeit leider unmöglich ist. Mit unserer privaten Feier bin ich liebend gerne einverstanden, sofern sie im engsten Kreise stattfindet! Hans schrieb mir auch schon Ähnliches, die Freude will ich ihm gerne machen.

Ja, mein kleines Lieb, so wie Dir geht es mir im Allgemeinen auch, ich muss unausgesetzt an Dich denken und sage oft zu Dingen „ja", die ich gar nicht verstanden habe. Es wird tatsächlich mal wieder Zeit, dass ich zu Dir kommen kann, denn ich möchte mal wieder ganz lieb von Dir umhegt und umsorgt werden, denn Du bist eine sehr zärtliche kleine Frau, oder hätte ich Dir dies nicht sagen dürfen, mein kleines Lieb? Aber was wahr ist, darf man ja sagen, gell, mein kleiner Liebling! Zudem wir dann ja ganz glückliche junge Eheleute sein werden, ich freue mich schon ganz riesig auf diese Zeit, denn in unserem Glück kann und darf uns niemand stören. Nach Möglichkeit werden wir uns dann auch zusammen unsere nähere Heimat anschauen. Wir werden überhaupt jede Möglichkeit zum Glücklichsein ausnutzen.

Für heute sei nun herzlichst gegrüßt und innigst geküsst von Deinem Bubilein.

20.9.1943

Meine innigstgeliebte Hedimaus!

Da ich gerade wieder einige Minuten Zeit habe, will ich Dir schnell wieder einige Zeilen schreiben, damit mein kleines Lieb sieht, dass ich noch am Leben bin.

Ja, mein Liebling, mir geht es noch gut und ich bin auch noch so einigermaßen gesund. Die Absetzerei hier hat nun bald Ende dieser Woche ihr Ende gefunden, wir haben dann einige Tage Zeit, um uns zu erholen und dann geht das Rennen wieder für die nächsten 6 Wochen los. Wie geht es dir, mein kleines Lieb? Ich vermute immer, dass Du Dich genauso absetzen musst wie ich, denn heutzutage bekommt man ja leider nichts mehr geschenkt, hoffentlich leidest Du nicht allzu sehr darunter?

Bist Du nun mit deinen Hochzeitsvorbereitungen so leidlich fertig oder musst Du noch immer so durch die Gegend wetzen? Mit meinen „Vorbereitungen" geht es ziemlich langsam, d.h. vorbereitet bin ich schon lange, nur mit dem Urlaub, da warte ich bald mit krankhafter Sucht drauf, da wird es mir aber auch nicht viel besser gehen als dir, gell, mein Liebling?

Für heute sei herzlichst gegrüßt und innigst geküsst von Deinem Dich liebenden Bubilein

22.9.1943

Meine innigstgeliebte Hedimaus!

Heute schnell wieder einige Zeilen an dich, mein kleines Lieb, damit Du siehst, dass ich unausgesetzt an Dich denke, mein Liebling. Ich weiß nicht, ob ich in den nächsten Tagen viel zum Schreiben komme, denn hier haben sich große Ereignisse angekündigt, von denen Du wohl zur gegebenen Zeit im Radio hören wirst! Aber habe dann bitte keine Angst, das Schlimmste liegt bereits hinter uns und mir geht es gut, brauchst Dir also keine Sorgen machen, mein Liebling!

Wie geht es dir, mein kleines Lieb, hoffentlich doch noch gut, ich bin wirklich froh, dass Du wenigstens nicht unter dem Luftkrieg zu leiden hast, ich glaube, ich würde umkommen vor lauter Angst!

Wie es unter den jetzigen Umständen mit meinem Urlaub wird, ist schwer zu sagen, ich hoffe trotz allem noch immer das Beste, etwas muss man ja auch tun! Jedoch lieber etwas später in Urlaub fahren als überhaupt nicht, das meinst Du doch auch, gell, mein kleines Hedilein.

Für heute lass es nunmal genug sein, da ich sehr wenig Zeit habe, und sei herzlich gegrüßt und innigst geküsst von Deinem Bubilein.

25.9.1943

Meine liebe kleine Hedimaus!

Nun will ich Dir schnell ein paar liebe Zeilen schreiben, da ich gerade ein paar Minuten Zeit habe, sonst ängstigt sich mein kleines Lieb wieder gar zu sehr und das möchte ich unter keinen Umständen haben.

Gleich vorweg will ich Dir sagen, dass es mir gut geht, nur stecke ich bis über die Ohren in Arbeit, aber das macht ja weiter nichts aus, Du musst wahrscheinlich genauso viel arbeiten. Ich wollte gerne noch das Doppelte leisten, wenn ich dich, mein kleines Lieb, dadurch entlasten könnte.

Hans liegt jetzt in Leipzig im Lazarett, wie er schreibt in Spezialbehandlung, ich will doch hoffen, dass er wieder gesund wird.

Wie geht es dir, mein kleines Lieb, hoffentlich doch noch gut, oder ich muss mir wieder Sorgen machen? Ja, mein kleines Lieb, weißt du, was ich jetzt rasend gerne hätte? Nur einen einzigen Kuss von dir, mein kleines Lieb, ich habe eine so große Sehnsucht nach Dir und freue mich wahnsinnig auf den „Heiratsurlaub“!

Für heute sei nun herzlichst gegrüßt und innigst geküsst von Deinem Dich liebenden Bubilein.

28.9.1943

Meine liebe kleine Hedimaus!

Will Dir schnell mal wieder einige Zeilen schreiben, ich habe mal wieder einen kleinen Moment Zeit! Mir geht es soweit noch gut, habe mir aber zur Abwechslung mal eine kleine Grippe geholt!

Wie geht es dir, mein kleines Lieb, ich hoffe doch noch gut. Ich habe jetzt schon über 8 Tage keine Nachricht mehr von Dir bekommen, was ich aber auf die gegenwärtig schwierige Lage hier zurückführe! Wir sind mitten in einer Absetzbewegung drin und da gibt es natürlich allerlei Schwierigkeiten zu meistern. Aber einmal wird auch dies alles vorüber sein, wie der ganze Krieg und wir dürfen dann ganz glücklich sein, gell, mein kleiner Liebling.

Sei für heute nun herzlich gegrüßt und innigst geküsst von Deinem Dich so sehr liebenden Bubilein.

Viele Grüße an Tante Aenne.

28.9.1943

Meine innigstgeliebte Hedimaus!

Soeben bekam ich deinen lieben Brief vom 18.9., wofür ich Dir auch herzlichst danke! Ich bin nun froh, dass Du den Brief wegen der neuen Bescheinigung schon erhalten hast und es bald erledigen willst, denn der Major frägt mich schon jeden Tag, wie das nun eigentlich ist, ob ich nicht mehr heiraten wollte? Die Lust dazu habe ich aber noch nicht verloren und wenn wir beide noch hundert Papiere besorgen müssen, denn die Hauptsache, wir werden glücklich, gell, mein kleines Lieb!

Mein Urlaub rückt nun immer näher, jetzt fährt noch einer, dann bin ich wieder dran, Gott sei Dank, ich werde sonst noch verrückt vor Sehnsucht nach dir, mein kleines Lieb! Gesund bin ich auch noch ein klein wenig, weißt du, ich habe etwas die Grippe, so die jetzige Saisonkrankheit, das macht aber nichts, das wird auch wieder vorübergehen und ich zu meinem kleinen Liebling kommen.

Der Kamerad, der vor 6 Wochen aus dem Heiratsurlaub kam, hat heute auch schon eine „Erfolgsmeldung" von seiner jungen Frau bekommen und kommt sich ganz „geschwollen wichtig" vor. Lass ihn mal, vielleicht habe ich dasselbe Glück und kann ihn entsprechend dann „belämmern", denn ärgern tut er mich ja genügend damit. Um die Frechheit voll zu machen, spinnt er jetzt schon wieder vom nächsten Urlaub!

Mit den Neuigkeiten ist zurzeit wirklich nicht viel los, außer bei uns hier, aber die braucht mein kleines Lieb nicht zu wissen, sonst ängstigst Du Dich wieder zu sehr! Die Hauptsache ist die, dass es mir und Dir gut geht, das Andere ist zur Zeit alles unwichtig.

Du möchtest nun gerne wissen, wann der Krieg zu Ende sein wird, kleines Lieb, das möchte ich auch gerne wissen, einmal wird auch dies der Fall sein, aber wann ist unbestimmt! Das hat aber wenig mit unserem Glücklichsein zu tun, denn wenn ich bei Dir bin, werde ich so unaussprechlich glücklich sein, als wenn Frieden wäre, zudem Du dann noch als meine kleine Frau mich mit so viel Liebe und Zärtlichkeit überschütten willst, dafür bin ich Dir im Voraus schon ganz dankbar.

Für heute sei nun wieder herzlichst gegrüßt und innigst geküsst von Deinem Dich liebenden Bubilein

30.9.43

Meine liebe kleine Hedimaus!

Soeben bekam ich von den Kameraden dein liebes Paket mit Kuchen gebracht, wofür ich Dir auch herzlichst danke. Eine kleine Kostprobe, bei der der halbe Kuchen verschwand, überzeugte uns alle, dass er Dir wirklich ganz groß gelungen ist, mein kleiner Liebling, und ich persönlich habe mal wieder einen Vorgeschmack davon erhalten, was mich erwartet, wenn Du mein kleines Fraule sein wirst und Frieden auf Erden ist, ich glaube, dass ich dann rund und fett werde!

Mit den Hochzeitspapieren geht jetzt endlich alles klar, ich habe so die komische Ahnung, dass dieses Fest nun bald steigen wird, auf jeden Fall noch dieses Jahr! Mit meinem „Hochzeitsanzug" geht auch alles klar, ich werde ziemlich neue Klamotten anhaben, bloß bin ich auf deine Überraschungen gespannt! Deinem Schreiben nach zu urteilen muss das ja ganz vornehm werden. Aber dass wir glücklich sein werden, kleines Lieb, das steht wohl „bombenfest", alles andere ist nebensächlich!

Für heute sei nun herzlichst gegrüßt und innigst geküsst von Deinem Dich liebenden Bubilein.

4.10.1943

Meine innigstgeliebte Hedimaus!

Erhielt heute deinen „2er-Tagebrief", wofür ich Dir auch herzlich danke, mein kleines Lieb.

Wie Du schreibst, geht es Dir noch gut, nur hast Du auch sehr viel Arbeit, da geht es Dir so wie mir, mein kleines Lieb. Aber auch

dies geht einmal vorüber, Gott sei Dank, und dann wird vieles wieder schöner sein. Das Schöne wird schon in meinem Urlaub, wenn auch nur für kurze Tage, wieder bei uns sein, gell mein kleines Lieb. Du, ich freue mich ganz wahnsinnig auf diese Zeit und werde mit dir, mein kleines Lieb, ein glücklicher junger Ehemann sein. Hoffentlich fällt mir dann darauf wieder folgendes Alleinsein nicht gar so schwer!! Hier hat jetzt endgültig der Herbst eingesetzt, nass und kalt, um 6.00 ist es mal wieder dunkel, es ist zum Verrücktwerden. Neuigkeiten gibt es auch hier weiter keine, es läuft alles „planmäßig"!

Sei nun bis zum nächsten Brief herzlichst gegrüßt und innigst geküsst von Deinem Bubilein

6.10.1943

Meine innigstgeliebte Hedimaus!

Soeben erhielt ich deinen lieben Brief, wofür ich Dir auch herzlichst danke. Der mitgeschickte Faltbrief soll auch gleich wieder zu Dir zurückkehren und Dir sehr viel liebe Grüße von mir übermitteln. Leider kann er keine Küsse mitnehmen, sonst würde ich auch noch ein paar Dutzend mitschicken. Aber vor allen Dingen soll er meinem kleinen Hedikind sagen, dass ich Dich ganz furchtbar lieb habe und mit viel Sehnsucht an Dich und den bevorstehenden Urlaub denke.

Dass Tante Aenne krank wurde, ist sehr bedauerlich und wünsche ich ihr baldige Genesung! Für die Grüße von Addi meinen herzlichen Dank, ich erwidere sie genauso herzlich!

Ja, mein kleines Lieb, nun bist Du also mit deinen Vorbereitungen soweit fertig, da kann ich also bald kommen, es wird auch nicht mehr so sehr lange dauern, vielleicht bin ich sogar über Weihnachten bei dir, mein kleines Lieb. Aber Du darfst nicht so viel Pläne schmieden, denn erstens kommt es anders und zweitens als man denkt! Ich bin mal froh, wenn ich wieder bei Dir sein werde, was dann ist, weißt Du ja auch, gell mein Liebling!

Für heute nun herzlichste Grüße und innigste Küsse von Deinem Bubilein.

8.10.1943

Meine innigstgeliebte Hedimaus!

Erhielt soeben zwei Briefe von dir, wofür ich auch herzlichst danke, und zwar vom 14. und 30.9. Der erste hat ja ziemlich lange gebraucht, um mich zu finden, aber er kam trotz alledem noch an.

Wie ich immer wieder aus deinen Briefen entnehmen kann, bist Du im Geschäft sehr angespannt und dann noch so die täglichen Kleinigkeiten nebenbei. Also ich kann mir wirklich denken, dass dies eine sehr große Belastungsprobe für dich, mein Liebling, ist und freue mich immer, dass Du Dich trotz alledem nicht unterkriegen lässt. Mit der Post klappt es jetzt sehr gut und darüber bin ich sehr froh, mein kleines Lieb, denn da brauche ich mir doch nicht so viele Gedanken um Dich zu machen.

Mit meinem Urlaub wird es wohl sehr schön werden, ich kriege nämlich wieder drei Wochen. Da staunst du, mein kleiner Liebling. Es wird wohl noch etwas dauern, aber ich komme bestimmt noch dieses Jahr zu dir, mein kleines Lieb. Die Angst, die meine Eltern haben, dass ich dann evtl. nicht mehr hierherkomme, ist völlig unbegründet. Mach Dir also keine unnötigen Sorgen, sondern freue Dich mal ganz unbeschwert auf die uns beiden bevorstehenden drei glücklichen Wochen!

Unsere Vorbereitungen hier sind nun soweit auch abgeschlossen, nun kann der Tanz auch bald beginnen. Deine Vermutungen treffen ziemlich genau zu, nur wird es wohl für uns Soldaten hier sehr hart werden, denn schließlich liegen unsere Kameraden, mit denen wir gelacht haben, doch hier! Soeben war auch mal wieder Genosse Iwan hier und hat mal nachgeschaut, ich habe meinen alten Körper mal ins Loch geschleppt und den Segen über mich ergehen lassen, der probiert auch so lange, bis mal was passiert, dann ist doch wenigstens Ruhe! Heute Morgen hat schon ein Aufklärer von ihnen dran glauben müssen, einmal wird auch wieder Ruhe hier im Lokal eintreten. Sonst ist aber bis auf ein paar lausige Partisanen alles noch ruhig hier, mein Liebling. Wenn es so bleibt, ist es gut. Wenn nicht, hatten wir halt Pech gehabt! Eine Wendung, vielmehr Entscheidung, wird ja bald fallen, jedenfalls geht das nicht mehr lange weiter so.

Dass Du Angst hast um mich, mein kleines Lieb, kann ich sehr wohl verstehen, denn Du hast wirklich nur mich, aber es gibt noch Tausende junger Frauen und Mädchen, denen es genauso geht, mein Liebling. Obwohl ich felsenfest davon überzeugt bin, dass ich gesund zu Dir zurückkehren darf, etwas Anderes gibt es ja gar nicht, oder meinst Du nicht auch, mein Liebling?

Für die Grüße von Tante Aenne meinen herzlichen Dank. Ich grüße sie wieder und wünsche gute Besserung. Für heute sei nun herzlich gegrüßt und innigst geküsst von Deinem Dich so sehr liebenden Bubilein.

15.10.1943

Meine liebe Hedimaus!

Vorgestern erhielt ich deinen lieben Brief, wofür ich Dir auch recht herzlich danke. Leider kam ich nicht früher zum Schreiben, da sich hier einige unvorhergesehene Dinge abspielten, die ich Dir dann mal mündlich erklären möchte.

Mit meinem Urlaub hat sich auch was geändert, ich soll jetzt am 23. fahren, ob's wahr wird, wissen zurzeit noch die Götter.

Meine Heiratsgenehmigung ist nun auch da, hoffentlich klappt das mit dem Urlaub, dann bin ich mal beruhigt und wir beide können dann mal wieder 3 Wochen so ganz glücklich sein!

Was eigentlich jetzt los ist, weiß man nicht. Die nächste Zeit wird wohl wieder viel Neues bringen.

Wie geht es eigentlich dir, mein kleines Lieb, hoffentlich doch gut, mir geht es auch noch so, ich wäre froh, wenn ich mal 3 Wochen von dem ganzen Kram nichts mehr sehen würde!

Sei nun für heute recht herzlich gegrüßt und innigst geküsst von Deinem Dich so sehr liebenden Bubilein.

19.10.1943

Meine liebe kleine Hedimaus!

Erhielt gestern mit großer Freude Deinen lieben Brief, wofür ich Dir auch herzlichst danke.

Mit meinem Urlaub hat sich nun die Lage wieder etwas verschoben und zwar zu meinen Gunsten. Ich werde nun mit 90% Sicherheit am 23.10. hier abzischen und voraussichtlich am 26.10. bei Dir sein. Von der Grenze aus werde ich Dir aber dann noch ein Telegramm schicken, gell mein Liebling, und dann werden wir mal wieder glückliche 3 Wochen zusammen sein!

Mit den Fliegerangriffen kann es auch nicht schlimmer sein als gegenwärtig hier. Iwan hat sich die letzte Woche nämlich sehr unangenehm bemerkbar gemacht.

Aber sonst geht es mir noch sehr gut, was ich auch von Dir hoffe.

Bis auf ein baldiges Wiedersehen sei nun herzlichst gegrüßt und innigst geküsst von Deinem Bubilein

Uffz. Winkler 48084 Bv

Fritz und Hedwig in Mehlingen, 1943

Standesamt Wiesbaden **Wiesbaden,** 1. November 194 3.

Herr Friedrich Winkler und ~~Fräulein~~ Frau Hedwig Kirch

haben heute das Aufgebot vor dem hiesigen Standesamt beantragt.

Das Aufgebot kommt während **vierzehn vollen Tagen** (der Tag des Aushangs und der Abnahme nicht mitgerechnet) zum öffentlichen Aushang. (Falls die Bekanntmachung noch an anderen Orten als hier erfolgt, müssen für die Übersendung 5—6 Tage zugerechnet werden.)

Die **Eheschließung kann daher erst nach Ablauf dieser Frist stattfinden. Bei der Eheschließung müssen zwei volljährige Zeugen (männlichen** oder **weiblichen Geschlechts)**, die die Verlobten kennen, von denselben **zugezogen** werden. Es können die Eltern, Geschwister, Verwandte oder Bekannte der Verlobten sein. Personen, die keine Wahrnehmungsfähigkeit besitzen, taub, taubstumm, blind oder nach den Vorschriften der Strafgesetze unfähig sind, als Zeuge eidlich vernommen zu werden oder der bürgerlichen Ehrenrechte für verlustig erklärt worden sind, können nicht zugelassen werden.

Die Zeugen müssen sich bezüglich ihrer Person ausweisen (Reise-, Militärpaß, Partei-, ϟϟ-, SA.-Ausweis, Invalidenkarte, Arbeitsbuch usw.).

Die **Anmeldung des Tages der Eheschließung** muß mindestens **5 Tage vorher** beim Standesamt, **Rathaus, Zimmer 30,** während der Vormittagsdienststunden **persönlich durch einen der Verlobten erfolgen.** Die Trauungen finden jeweils am **Dienstag, Donnerstag** und **Sonnabend** vormittags statt. Das Aufgebot hat 6 Monate Gültigkeit; eine Verpflichtung zur längeren Aufbewahrung der eingereichten Urkunden besteht nicht.

Standesamt Wiesbaden

In Vertretung:
Müller

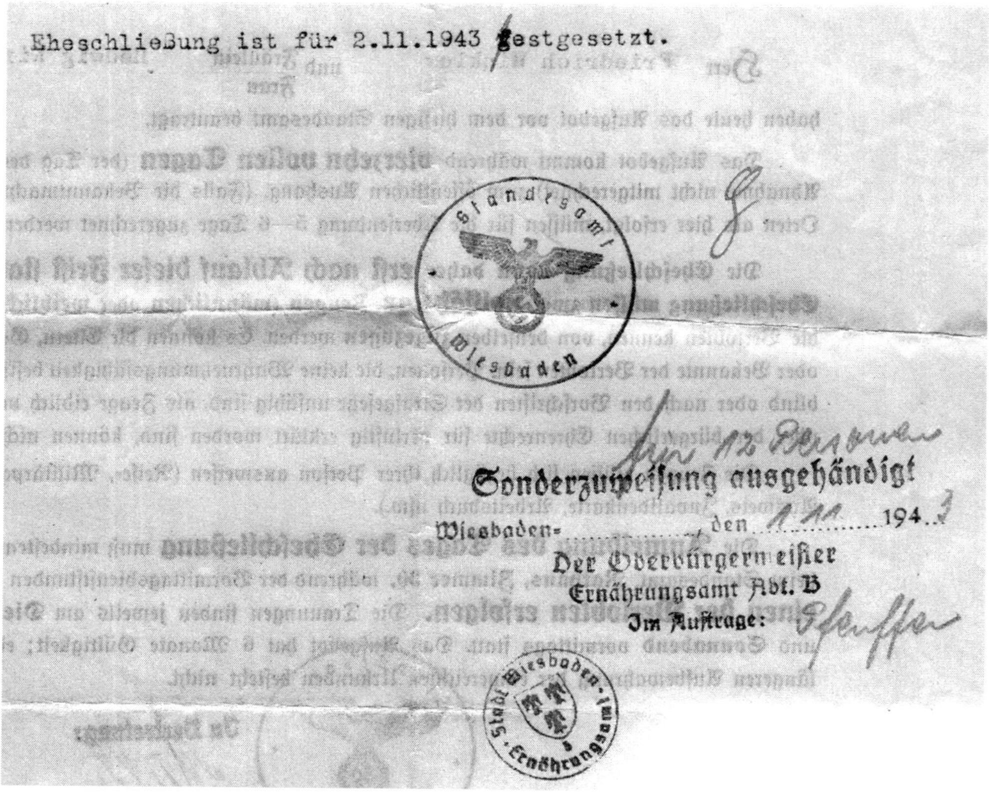

Eheschließung ist für 2.11.1943 festgesetzt.

Den ... und Fräulein / Frau ...

haben heute das Aufgebot vor dem hiesigen Standesamt beantragt.

Das Aufgebot kommt während vierzehn vollen Tagen ...

Die Eheschließung kann aber erst nach Ablauf dieser Frist ...

Standesamt Wiesbaden

für 12 Personen

Sonderzuweisung ausgehändigt

Wiesbaden, den 1.11. 1943

Der Oberbürgermeister
Ernährungsamt Abt. B
Im Auftrage: Schaeffer

Stadt Wiesbaden Ernährungsamt

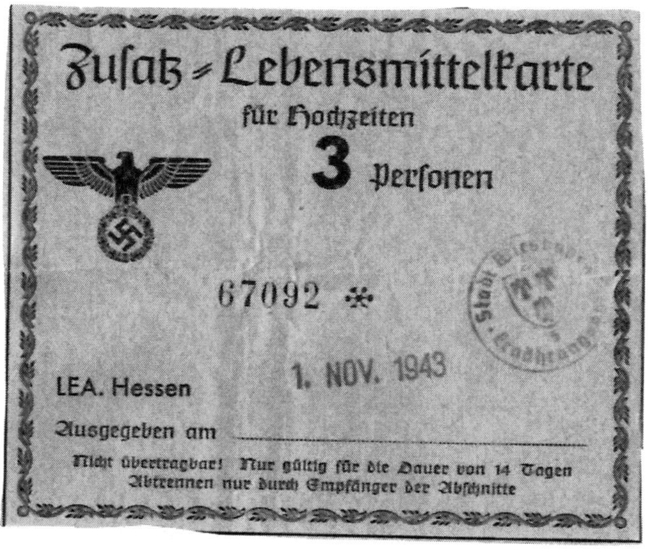

Zusatz-Lebensmittelkarte

für Hochzeiten

3 Personen

67092 *

1. NOV. 1943

LEA. Hessen

Ausgegeben am ....

Nicht übertragbar! Nur gültig für die Dauer von 14 Tagen
Abtrennen nur durch Empfänger der Abschnitte

Stadt Wiesbaden Ernährungsamt

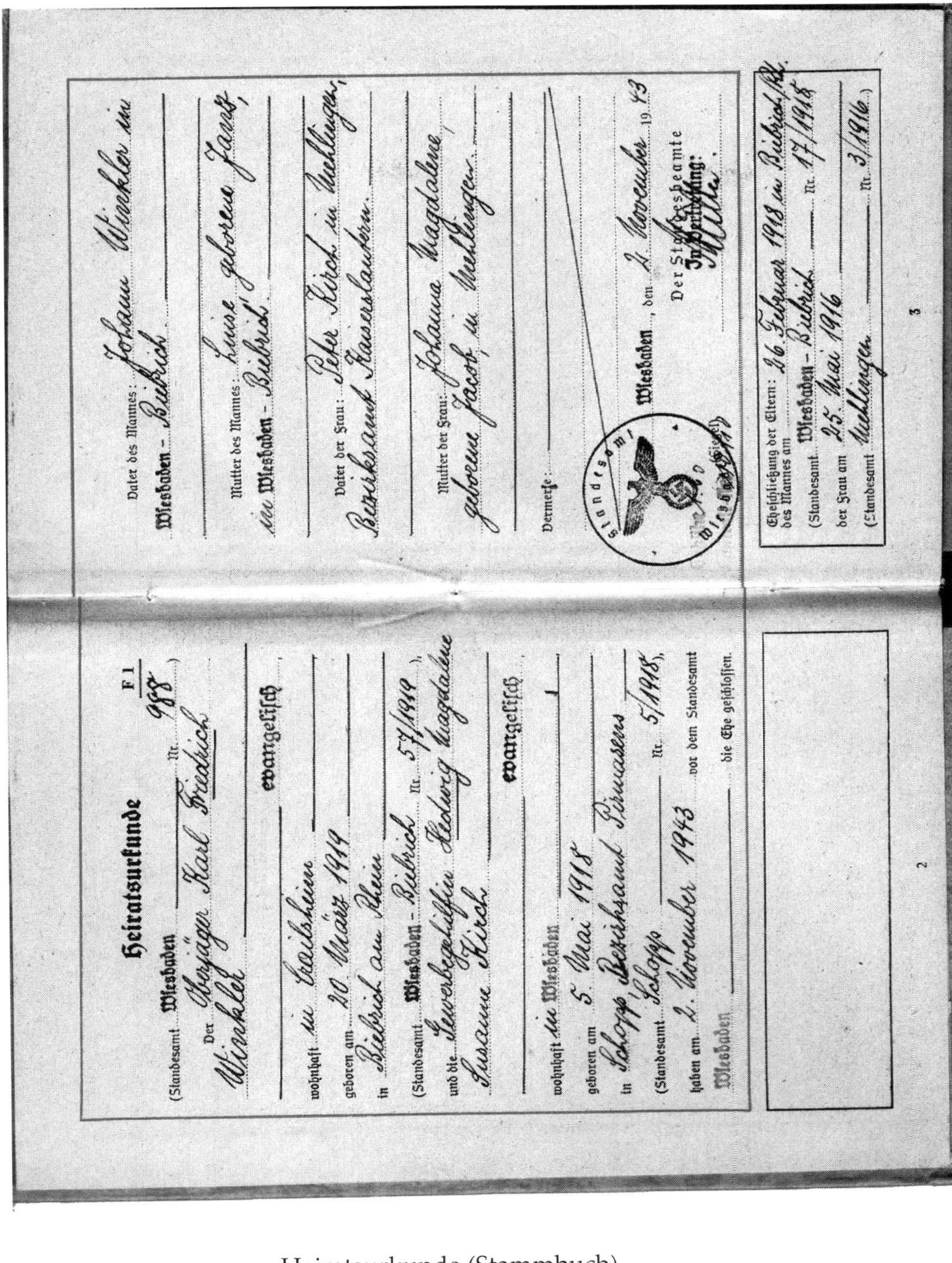

Heiratsurkunde

F 1

(Standesamt Wiesbaden Nr. 988)

Der Oberjäger Karl Friedrich Winkler

evangelisch,

wohnhaft in Crailsheim

geboren am 20. März 1919

in Biebrich am Rhein

(Standesamt Wiesbaden - Biebrich Nr. 57/1919),

und die Gewerbegehilfin Hedwig Magdalene Susanne Kirch

evangelisch,

wohnhaft in Wiesbaden

geboren am 5. Mai 1918

in Schopp Bezirksamt Pirmasens

(Standesamt Schopp Nr. 5/1918),

haben am 2. November 1943 vor dem Standesamt Wiesbaden die Ehe geschlossen.

2

Vater des Mannes: Johann Winkler in Wiesbaden - Biebrich

Mutter des Mannes: Luise geborene Janß, in Wiesbaden - Biebrich

Vater der Frau: Peter Kirch in Mehlingen, Bezirksamt Kaiserslautern.

Mutter der Frau: Johanna Magdalene geborene Jacob in Mehlingen.

Vermerke:

Wiesbaden, den 2. November 1943

Der Standesbeamte
In Vertretung:

Standesamt Wiesbaden

Eheschließung der Eltern: des Mannes am 26. Februar 1918 in Biebrich/Rh.
(Standesamt Wiesbaden - Biebrich Nr. 17/1918)
der Frau am 25. Mai 1916 in Mehlingen
(Standesamt Nr. 3/1916)

3

Heiratsurkunde (Stammbuch)

11.11.1943

Meine liebe Hedwig!

Die Mitteilung Deiner Trauung war mir eine große Überraschung. Nimm – ebenso wie Dein lieber Gatte – meine herzlichsten Glückwünsche für die gemeinsame Zukunft entgegen! Wir wissen ja alle, dass vor keinem der vielen jungen Kriegsehepaare ein dornenloser Weg liegt; aber alles Schwere trägt sich ja leichter zu zweit. Und einmal muss auch dieser Krieg zu Ende gehen! Möchte dieser ersehnte Zeitpunkt recht bald kommen und Euch das Glück eines eigenen Heimes bringen, das unter Gottes Schutz steht! Das ist mein innigster Wunsch für Euch. Es ist mir schmerzlich, dass es unmöglich ist, ein hübsches Paketchen mit ein paar netten Sachen für den jungen Hausstand zu packen. Aber aufgeschoben soll nicht aufgehoben sein! Von Eurer Hochzeit werde ich wohl durch Lissi oder durch die Höchster Näheres erfahren. Sei mit Deinem lieben Mann und allen andern Lieben herzlich gegrüßt von Deiner

Tante Lissi

TAGEBUCHEINTRAG HEDWIG VOM 19.11.1943

Abreise von Fritz wieder nach Russland! Am selben Tag noch Aufenthalt in Frankfurt, Abreise von Frankfurt um 1 Tag verschoben, eine Nacht und einen Morgen bei Verwandten in Frankfurt gewesen.

Berlin, 21.11.1943

Liebe Hedwig,

bin soeben gut in Berlin angekommen mit drei Stunden Verspätung, die Anschlüsse sind mal wieder weg! Ich hoffe aber, dass ich doch noch mal nach Tauroggen komme. Sonst geht es mir noch gut, was ich auch von Dir hoffe. Über die ersten Tage muss man halt wegkommen – dann ist alles nicht mehr so schlimm, wie es scheint! Im Brief dann mehr. Für heute ganz liebe Grüße und Küsse,

Fritz

Insterburg, 21.11.1943

Meine liebe Hedi,

will Dir nur kurz ein paar Zeilen aus der zweiten Reiseetappe, nämlich Insterburg, schreiben. Aller Voraussicht nach treffe ich morgen, den 22.11., infolge der ewigen Zugverspätungen und -überfüllungen an der Grenze ein! Bin zurzeit in einem hiesigen Lokal und esse ein Stammgericht mit einigen guten Gläsern Bier! Das ist ja gewissermaßen auch ein Trost, jedoch nicht der richtige, das weißt Du ja, gell, mein Kleines. Wenn es so weitergeht, hoffe ich im Lauf der nächsten Woche wieder bei meinem Verein zu sein. Sei für heute herzlichst gegrüßt und geküsst von Fritz.

22.11.1943

Meine liebe Hedi!

Will Dir nun noch einmal aus Insterburg schreiben, heute Mittag 13.23 Uhr geht es nun weiter. Ich werde heilfroh sein, wenn ich endlich an Ort und Stelle bin, diese Fahrerei ist furchtbar, alle Züge überfüllt und stundenlange Verspätungen!

Wie geht es dir, hoffentlich doch noch gut, was auch bei mir noch der Fall ist. Das Kissen leistet mir sehr gute Dienste, ich bin froh, dass ich es bei mir habe. Nochmals meinen herzlichsten Dank dafür.

Grüße mir auch bitte Tante Aenne, ich hab bei den andern Karten nicht daran gedacht.

Für heute nun die herzlichsten Grüße und Küsse von Deinem Fritz.

22.11.1943

Meine liebste Hedi!

Nun bin ich endlich und glücklich in Tauroggen angekommen und es ging alles glatt. Von dem Geld (100 RM) muss ich allerdings 80 nachhause schicken, die werden wohl bald bei Dir eintreffen.

Soweit geht es mir noch gut, was ich auch noch von Dir hoffe. Wenn ich in Riga bin, werde ich Dir mal ausführlich schreiben, was so los war. Viel jedenfalls nicht. Für die Fahrt hatte ich einen netten Kameraden gefunden und wir haben uns gegenseitig getröstet.

Frontgeld werde ich Dir dann welches schicken, sobald ich welches habe. Die 20 RM, die ich noch im Besitz habe, brauche ich ja für mich, das verstehst Du doch, mein kleines Fraule.

Wenn Du jetzt mal meinen Urlaubsschein sehen könntest, würdest Du lachen, ganz bunt von Stempeln jeder Art!

Nun wieder herzliche Grüße und innigste Küsse, dein Bubilein.

25.11.1943

Meine liebste Hedimaus!

Nun will ich Dir schnell wieder einige Zeilen schreiben, ich bin wieder mit Hängen und Würgen in Gansburg angekommen und fahre heute oder morgen Nacht weiter. Die Bahnfahrt war bis jetzt schrecklich langweilig, denn jeder Kilometer mehr führte mich ja weiter von Dir weg. Dass mein Abschied von Dir mir auch diesmal nicht leichtfiel, wirst Du ja auch gemerkt haben. Ich hätte auch lieber geweint, so trocken war es mir im Hals, aber jetzt geht es doch wieder, so ein Abschied hat doch furchtbare Gefühle im Gefolge. Die Kameraden, die mit mir fuhren, waren auch alle mehr oder weniger ziemlich umgehauen, und so kam auch keine Unterhaltung in Gange, überall Kummer und Sorgen wohin man schaut!

Von meinen alten Kameraden traf ich niemand mehr hier an, sie sind alle weggehuscht, aber das hatte ich ja erwartet. Dein Kissen hat sich bis jetzt ganz prima bewährt, ich bin Dir ja so dankbar, mein Liebling, es ist doch eine wahnsinnig schöne Sache. Aber bevor ich es vergesse, will ich Dir doch noch schnell zu unserem vierwöchentlichen Ehejubiläum gratulieren, welches sich ja am 2.12. vollzieht, leider ohne mich! Wie gerne wäre ich bei Dir an diesem Tag. Meinen Urlaubsschein habe ich auch ohne jegliche Differenz abgegeben, wenn ich das gewusst hätte, wäre ich noch ein paar Tage geblieben, aber da hätte sich Mutti Krieger wohl schön auf die Hinterbeine gestellt?! Was hat sie übrigens gesagt, als Du doch nun endlich mal wieder ankamst, ich kann es mir ja denken, dass sie einfach nicht viel zu sagen hatte, gelt, mein kleiner Liebling? Die Kolleginnen werden sich ja riesig gefreut haben, wohl noch etwas Schadenfreude dabei, doch das macht ja nichts, wir beide werden uns trotzdem auf neuen Urlaub freuen, gelt, mein Liebling. Aber wie geht es dir, mein kleines Lieb, hoffentlich doch noch den Umständen nach gut, was auch noch bei mir der Fall ist, obwohl ich mit meinen Gedanken überall bin nur nicht hier, was Du Dir ja wohl denken kannst.

Für deine lieben Zeilen in mein Notizbuch auch meinen herzlichen Dank, ich bin Dir da keinesfalls böse, mein kleines Lieb, ich frage mich nur, wann Du das so schön hingekriegt hast, sicher in einem unbewachten Augenblick! Trotz alledem war der Urlaub für mich unsagbar schön und glücklich, mein kleines Fraule, und ich hoffe nur, dass der nächste in den Sommer oder spätes Frühjahr fällt, damit er noch schöner ist.

Für heute sei nun herzlichst gegrüßt und innigst gegrüßt von Deinem Dich so sehr liebenden Bubilein.

Herzliche Grüße an Tante Aenne.

26.11.1943

Meine liebe kleine Hedifrau!

Da ich wieder mal Zeit habe, will ich Dir ein paar Zeilen zukommen lassen.

Jetzt befinde ich mich schon acht Tage auf der Reise und bin noch immer nicht da, wo ich hin soll. Es ist halt alles maßlos traurig. Aber mir kann das ja egal sein, mein Gehalt läuft so und so doch weiter. Ich wäre nur gerne bei der Einheit, damit man endlich mal weiß, wo man hingehört.

Wie geht es dir, mein Liebling, hoffentlich auch noch gut, ich meine dann natürlich in körperlicher Hinsicht, wie es mit der seelischen Verfassung bestellt sein mag, kann ich mir ja ohne Weiteres selbst vorstellen, ich sehe es ja am besten bei mir. Aber es geht auch mal vorüber und zum Trost winkt ja ein neuer Urlaub. Bloß liegt der noch in sehr weiter Ferne, wenigstens augenblicklich, doch was sind 7–8 Monate, sie können auch nicht ewig dauern und dann ist wieder die große Vorfreude da. Vorläufig heißt es nun mal wieder abwarten, was es gibt, doch ich werde deinen Satz in meinem Notizbuch beherzigen, ich solle mich munter halten, das werde ich auf jeden Fall machen.

Nun ist ja auch der Urlaub von Hans um, er wird ja auch ins Ungewisse fahren, genauso wie ich. Ob Addi inzwischen in Urlaub gekommen ist, weißt Du wohl nicht. Wenn er kommt, kannst Du ja unsere Glückwünsche gesammelt darbringen.

Heute habe ich auch mal dein Gebäck versucht und ich muss schon sagen, dass es ganz prima schmeckt, und weißt du, es schmeckt so nach Heimat und das ist schon sehr viel wert. Dann ist es auch noch von Dir gebacken, da soll mal so etwas nicht schmecken! Jetzt geht auch so langsam die Zeit wieder los, wo man sich sehr gern, mit viel Wehmut sozusagen, wieder an ein paar Kleinigkeiten des Urlaubs erinnert, er war doch ungeheuer schön und ich war ganz ungeheuer glücklich mit dir, mein kleines Lieb, und dafür bin ich Dir auch recht dankbar. Ich weiß, mein Liebling, Du sagst, dass dies selbstverständlich war, doch für mich war es wirklich ein sehr großes Geschenk, bloß ging die Zeit viel zu rasch um und wohl auch für dich. Aber einmal wird auch dieser elende Krieg ein Ende haben und dann werden nicht bloß wir beide glücklich sein. Wir haben uns ja über dieses Thema gerade genug und ausführlich unterhalten!

Heute werde ich nun endgültig weiterfahren und werde dann, wenn alles gut geht, morgen endlich bei meinem Haufen sein!

Für heute sei nun herzlich gegrüßt und innigst geküsst, mein Liebling, von Deinem Dich immer liebenden Bubilein.

Viele Grüße an Tante Aenne.

29.11.1943

Meine liebe kleine Hedifrau!

Jetzt ist es schon wieder der 29.11., ich bin noch immer nicht an Ort und Stelle. Wenn nun alles gutgehen sollte, werde ich wohl heute endlich an Ort und Stelle sein, aber sicher ist das noch keineswegs! Jedenfalls hab ich mich so richtiggehend durchgeschlafen, diese Fahrerei wird mir auch ewig im Gedächtnis bleiben, es geht mir aber ganz gut dabei, wenn ich schon nicht bei Dir sein kann, dann zieht es mich auch nicht sonderlich, wieder bei der Truppe zu erscheinen. Man lernt dabei allerhand Kameraden kennen und die Meinungen, die sie dabei manchmal loslassen, sind haarsträubend! Von Urlaubssperre ist vorerst noch nichts zu hören und zu sehen, sie fahren noch kräftig in Urlaub, das ist eine sehr große Beruhigung für mich, da ist wenigstens noch ein kleiner Silberstreif am Horizont, wenn wir mal wieder drei Monate weiter sind, wird man auch mehr wissen. Auf ein baldiges Kriegsende rechnet man hier in Kameradenkreisen mit sehr großer Bestimmtheit!

Aber wie geht es dir, mein kleines Fraule, ich hoffe gut, was auch bei mir noch der Fall ist. Hoffen wir, dass es auch weiterhin noch so bleibt. Der Tommy wird ja jetzt auch so langsam mit seiner Offensive gegen deutsche Städte wieder anfangen, also ist ja für Sorgen überreichlich gesorgt! Ich bin heilfroh, wenn dieser Krieg zu Ende sein wird und wir sind alle wieder glücklich zu Hause. Es hat ja alles keinen Sinn und wenn man Straßenkehrer ist, aber man hat doch wenigstens wieder Zeit für sich selbst und ist vor allen Dingen zu Hause. Doch das wird auch mal wieder werden. So denken alle Soldaten hier, nicht bloß ich alleine!

Ja, mein Liebling, so ist das nun und wird noch einige Zeit so bleiben. Vielleicht klappt es ja auch mal mit einem schönen Heimatschuss, denn der endgültige Weg führt nur noch über das Lazarett in die Heimat. Iwan scheint ja in diesem Winter allerlei hier vorzuhaben, ich bin mal gespannt, wann der Tanz losgeht!

Für heute sei nun herzlichst gegrüßt und innigst geküsst von Deinem Dich so sehr liebenden Bubilein.

29.11.43

Meine liebe kleine Hedifrau!

Nach langem Wandern und Umherirren bin ich nun heute endlich bei meinem Haufen angekommen. Von Ropscha musste ich allerdings bis Peterhof zu Fuß tippeln, aber das macht ja einem alten Landser weniger aus, es sind ja auch bloß 15 km. Bei meinem Haufen wieder angekommen, musste ich natürlich die traurige Feststellung machen, dass ich inzwischen mal wieder versetzt wurde und zwar zu einer vollmotorisierten Nebelwerferkompanie! Das hat ja auch wieder so seine Vorteile, man braucht wenigstens nicht zu laufen! Natürlich bekam ich die Feldküche dieses Vereins, die ich mir aber noch suchen muss, denn die Kompanie ist neu aufgestellt und hat bis jetzt noch gar nichts! Bis der Laden läuft, geht da ja auch noch eine schöne Zeit drüberhin. Vor allen Dingen habe ich wieder meine Küche, was jetzt im Winter ungeheuer wichtig ist, und Hunger und Posten brauche ich dabei auch keinen zu schieben! Alle Umstände deuten darauf hin, dass ich in diesem Krieg doch mehr Glück wie Verstand habe, oder meinst Du nicht auch, mein kleiner Liebling?

Jetzt weißt Du also Bescheid, wo ich bin, nicht wahr, mein kleines Fraule, Du brauchst Dir also diesbezüglich keine Gedanken zu machen, der liebe Gott sorgt doch immer für gerechte Verteilung der vorhandenen Sitzplätze!

Heute Morgen hatte ich sogar Gelegenheit, in Ropscha ein warmes Brausebad zu nehmen, diese Gelegenheit habe ich natürlich voll und ganz ausgenützt, was ja eine Selbstverständlichkeit ist, denn hier in Russland soll man mitnehmen, was mitzunehmen ist in dieser Beziehung! Nur bin ich bloß mal wieder neugierig, wie die Sache mal weitergeht, ich denke immer nur bestens!

Wie geht es Dir sonst, mein Liebling, hoffentlich doch noch gut, das ist überhaupt eben meine einzige Sorge, dass es Dir nur immer recht gut gehen möge.

Für heute sei nun herzlichst gegrüßt und innigst geküsst von Deinem Dich so sehr liebenden Bubilein.

1.12.1943

Meine liebe kleine Hedifrau!

In Anbetracht der Tatsache, dass ich mit dem morgigen Tag schon vier Wochen glücklicher Ehemann bin, will ich Dir zu diesem Tag zuallererst meine herzlichen Grüße entbieten. Du wirst ja auch an diesem Tag recht wehmutsvoll an diese knappen vier Wochen zurückdenken, gelt mein Liebling!

Inzwischen bin ich nun Küchenleiter ohne Küche geworden, ich muss mir die Küche mal erst zusammensuchen. Lebe also einen sehr ruhigen Tag, von einigen unruhigen Momenten, an denen der Iwan Schuld ist, abgesehen. Morgen werde ich mal wieder in die Stellung wandern und Geld abholen. Das ist doch auch wichtig, oder meinst Du nicht auch, mein kleines Lieb?

Hier ist alles schon ganz schön verschneit, es ist gut zu laufen, wenigstens schöner als in dem ewigen Suddelwetter, welches die Zeit über hier herrschte. Natürlich ist es auch unangenehm kalt hier geworden, doch das ist man ja gewöhnt hier in dem saublöden Russland. Doch es ist ja schon Dezember, da wird es auch noch März werden und damit Frühling!

Heute traf ich auch meinen alten Kumpel Willi von Sonnburg hier an. Er war eifrig beim Krähenschießen. Früher rissen wir nur Hühner und heute isst er schon Krähen, vielleicht schließe ich mich auch noch an, es ist jedenfalls Fleisch! Das Leben ist nun auch hier in Russland sehr arm geworden, wenigstens zurzeit. Wie geht es dir, mein Liebling, ich hoffe doch noch weiterhin gut, ich weiß ja ebensowenig von dir, Post habe ich noch keine empfangen, doch in den nächsten Tagen wird es schon herkommen. Du glaubst gar nicht, wie ich mich nach einem Brief von Dir sehne, damit ich endlich mal wieder weiß, wie es meinem Liebling in der Heimat geht!

Mir geht es noch soweit ganz gut, mir fehlt bloß das Kriegsende, damit ich endlich für immer mal bei meinem kleinen Fraule sein kann!

An Weihnachten wirst Du einen Brief von der Kompanie bekommen, erschrecke bitte nicht darüber, er enthält nur einen Weihnachtsgruß an Dich von der Einheit.

Sonst Neues gibt es nicht hier. Der Iwan schießt schon einige Zeit hier ins Dorf mit seiner Artillerie, aber es ist scheinbar nur Übungsschießen, denn treffen tut er nichts! Im Übrigen werden wir das Kind schon schaukeln.

Sei also für heute wieder recht herzlich gegrüßt und innigst geküsst von Deinem Bubilein.

3.12.1943

Meine liebe kleine Hedifrau!

Heute bin ich nun mal wieder dran mit Schreiben, gestern ging es nun mal nicht, ich war in der Stellung und musste dort Verschiedenes erledigen. Spätabends konnte ich dann erst den Rückweg antreten und musste ganz mutterseelenallein einen ewig langen Knüppeldamm runterlatschen, der mitten durch einen Sumpfwald führt. Natürlich war das Ganze wieder mit „Einlagen" verbunden, sodass ich heilfroh war, wie ich endlich „zu Hause" ankam! Da hab ich dann gegessen und mich dann lang gemacht.

Post von Dir oder den Eltern ist bis jetzt auch noch keine eingetroffen, die Kameraden klagen überhaupt alle, dass so wenig Post hier eintrifft, das kann ja unter Umständen heiter werden. Aber man muss es nehmen, wie es kommt, gell, mein Liebling. Wie geht es dir, mein kleines Fraule, hoffentlich doch noch gut, bekommst Du regelmäßig die Post von mir zugestellt? Das sind alles so Fragen, die mich hier am meisten quälen, das kannst Du doch auch verstehen, gell, mein Kleines! Ich hoffe nur auf ein baldiges Kriegsende und dass wir gut aus diesem verfluchten Russland rauskommen, denn es ist immerhin besser, in

Deutschland Straßenkehrer zu sein, als in Russland Mädchen für alles!

Übrigens ist hier eine neue Urlaubsregelung gekommen, wonach zwischen den Urlauben mindestens acht Monate liegen müssen. Jetzt war es soweit, dass man alle 6–7 Monate fahren konnte, dann kommt so ein Quatsch dazwischen. Ist ja auch egal, lange kann der Krieg ja nicht mehr dauern und dann brauchen wir das alles sowieso nicht mehr, denn da werden wir hoffentlich wieder zu Hause sein. Später wird man dann mit einem leichten Schaudern an diese Zeit zurückdenken!

Wie ist das Wetter bei euch, mein Liebling? Hier fällt mal Schnee, dann taut es mal wieder und zwischendrin friert es auch noch einmal. Also das von uns allen hier so „geliebte" Sauwetter!

Ich bin wirklich nun mal gespannt, was Du so schreibst, wenn der erste Brief ankommt, ich freu mich schon ganz gewaltig darauf. Für heute, mein Liebling, sei nun herzlichst gegrüßt und innigst geküsst von Deinem Dich immer liebenden Bubi.

5.12.1943

Meine liebe kleine Hedifrau!

Erhielt heute deinen herrlich lieben Brief, den ersten nach dem Urlaub, wofür ich Dir auch allerherzlichst danke. Für mich war es einesteils eine riesengroße Erleichterung, andernteils hat er mir aber auch erst so richtig den Abschiedsschmerz wieder wachgerufen. Ich hatte mich schon in eine völlig apathische Stimmung hineingeschwungen, das wirst Du ja auch schon an den inzwischen eingelaufenen Briefen von mir gemerkt haben. Diese Stimmung ist jetzt erst zum Einsturz gekommen und die Trostlosigkeit meiner Lage steht erst jetzt so ganz deutlich vor mir! Doch dies geht auch wieder vorüber, die Hauptsache ist ja, dass es uns beiden noch recht gut geht, gelt, mein Liebling.

Ich bin furchtbar schwer zu Hause weggefahren, das wirst Du ja auch wissen, mein kleines Fraule. Der Aufenthalt in Frankfurt hat ja die ganze Sache etwas versüßt, übrigens kam ich überall gut durch, wie Du ja aus meinen Briefen ersehen konntest! Den Zug musste ich natürlich bis nach Luga benutzen und konnte nicht in Riga umsteigen und natürlich ging die Sache auch mal hoch, jedoch ohne weitere Schäden, denn es geschah am Tag, nachts wird diese Strecke nicht mehr gefahren.

Mit dem Weihnachtspäckchen mach Dir mal weiter keine Sorgen, mein Liebling, es kommt doch immer auf den Geist an, da kann die Verpackung auch nicht mehr viel daran ändern, glaub mir, ich werde mich auch so ganz wahnsinnig freuen, denn die Päckchen kommen ja von meinem kleinen Liebling, und das macht doch sehr viel aus, oder meinst Du nicht auch, mein Liebling.

Es wird sowieso eine schäbige und traurige Weihnacht dieses Jahr werden, sowohl für uns hier draußen als auch für Euch in der leider Gottes so schwer heimgesuchten Heimat. Ich befinde mich zurzeit in der Feuerstellung, also im Graben, es ist so wie es immer ist, im Sommer kommandieren und im Winter im Graben.

Aber halte den Kopf hoch und bleibe auch weiterhin mein liebes und tapferes Fraule! Für heute sei nun herzlichst gegrüßt und innigst geküsst von Deinem Dich immer liebenden Bubilein.

6.12.1943

Meine liebe kleine Hedifrau!

Heute, am 6. Dezember, wo in früheren fernen Zeiten der Nikolaus durch die Straßen der Städte ging, um artige Kinder zu beschenken, will ich dir, mein kleiner Liebling, wenigstens ein paar Zeilen schreiben. Mehr kann man in der heutigen Zeit ja doch nicht machen, aber es wird Dich ja trotzdem freuen, gell mein Fraule!

Nun will ich Dir mal erst den „Weihnachtszauber" im winterlichen Russland, so gut es eben geht, vor Augen führen. Hier ist alles tief verschneit, man kann nur an regelmäßigen Erdhaufen und ein paar dunklen Löchern, welche die Eingänge darstellen, noch die Bunker erkennen. Darüber steigt der Rauch langsam in die Höhe. Ab und zu kommt mal ein Posten vorbei und die Glocken, die in der Heimat ja nun fehlen, singen hier wenig friedensmäßiges Lied. Die Stellung ist ruhig, aber diese Ruhe ist mit Spannung geladen, denn einer traut dem anderen nichts Gutes. Nur die Artillerie ist am „Arbeiten", in regelmäßigen Abschüssen zittert die Luft und gleich darauf hört man die eisernen Grüße heranzischen. Iwans Vögel treiben sich in der Luft herum und soeben hat es nach einem spannungsreichen Luftkampf zwei von ihnen „gepatscht". Die deutsche Luftwaffe besteht ja auch noch. Dieses ganze Bild kann man dann noch zwecks besserer Kenntlichmachung mit „Friede auf Erden" bezeichnen!

Verzeih mir, mein Liebling, wenn ich bitter werde, aber der Abschied hängt noch zu sehr in mir und ich sehe eben alles durch traurigste Brille! Nun ist auch dieses Jahr wieder kurz vor seinem Ende und was wird das neue bringen, hoffentlich doch den Frieden, wonach sich alles so sehr sehnt! Denn die vorhergegangenen Jahre brachten uns doch tatsächlich genug Kummer und Sorgen! Das meinst Du doch auch, gell mein Liebling?

Sei nun für heute recht herzlich gegrüßt und innigst geküsst von Deinem Bubilein.

Viele Grüße an Tante Aenne.

Ein Päckchen geht ins Feld

VON LINDA

Grad' komm' ich von der Post, mein lieber ~~Jochen~~ Fritz,
Ich gab das Weihnachtspäckchen auf für dich;
Als ich's verschnürt, hab' ich mit dir gesprochen,
Es war beinah' ein kleines Fest für mich.

Das woll'ne Zeug bracht' mir dein Vater gestern,
Er braucht's daheim im warmen Zimmer nicht,
Die Handschuh' sind von meinen kleinen Schwestern,
Sie strickten sie wohl noch ein bißchen dicht.

Von mir, mein Lieber, sind die Zigaretten,
Der Honigkuchen, den ich selber buk.
O denke nicht, daß wir hier keinen hätten,
Wir haben davon immer noch genug.

Dann sind von mir die kleinen Tannenzweige,
Mit Engelshaaren hab' ich sie geschmückt.
Und daß dir jeder meine Liebe zeige,
Hab' ich sie einzeln an mein Herz gedrückt.

Mög' bei Gesundheit alles dich erreichen,
Das ist mein Wunsch zum Christfest ganz allein,
Die andern Wünsche will ich gerne streichen,
Die ja so nichtig sind, so dumm, so klein.

Und somit schließ' ich, lieber, lieber Jochen,
Der Brief ist lang, doch was ich immer schrieb,
Wär' grad so gut in einem Satz gesprochen
Und mit den Worten nur: „Ich hab' dich lieb!" !!

8.12.1943

Meine liebe kleine Hedifrau!

Heute an einem wunderbar ruhigen Winterabend will ich Dir mal wieder ein paar Zeilen zukommen lassen. Es ist jetzt gerade 4 Uhr am Nachmittag und seit einer Stunde schon ganz finster. Die Front ist ruhig, direkt unheimlich ruhig, denn es fällt kein Schuss, meistens ist das ja ein nur schlechtes Zeichen, aber man genießt geradezu diese hier so seltenen Stunden, wo es ruhig ist, und denkt dabei an stille, glücklich verlebte Urlaubstage in der Heimat mir dir, mein Liebling, zurück. Zum wehmütigen Nachdenken ist auch geworden die wichtige Stimmung, Kerzenbeleuchtung, man sieht in den flackernden Schatten direkte Gestalten und sieht auch sinnend dem ziehenden Zigarettenrauch nach, hinter diesen Schleiern die Heimat mit all ihren lieben Gesichtern. Du wirst jetzt lachen, mein Liebling, und denken, ich sei wohl etwas „matt“ geworden, ich will Dir aber nur mal so meine abendliche Bunkerstimmung möglichst nahe vor Augen führen. Und so wie ich Dich kenne, mein geliebtes Hedilein, fühlst Du Dich auch gut in diese Situation, denn Du hast ja auch manches Mal diese einsamen Nachtstunden schon kennengelernt im Bahnhof!

Aber jetzt will ich doch mal lieber fragen, wie es Dir geht, mein Liebling. Ich hoffe doch, noch sehr gut, wenigstens in äußerlicher Hinsicht, was auch bei mir noch der Fall ist. Nur habe ich ewig eine furchtbare Sehnsucht nach meinem kleinen Hedilein, das wieder so furchtbar weit weg von mir ist!

Da fällt mir gerade ein, was wohl unsere Hochzeitsbilder machen und wie sie wohl sein werden, ich bin mal sehr neugierig, wenn ich mal das schönste von ihnen in Händen halten werde! Vor allen Dingen, mein Liebling, wollte ich Dir auch noch ein den Umständen entsprechendes frohes Weihnachtsfest wünschen. Hoffentlich dürfen wir das nächste gesund zusammen verleben.

Sei nun herzlich gegrüßt und innigst geküsst von Deinem Bubilein.

10.12.1943

Meine liebe kleine Hedifrau!

Heute will ich Dir nun mal wieder kurz ein paar Zeilen schreiben, ich habe mal wieder sozusagen ein inneres Bedürfnis danach. Es ist nun mittlerweile 5 Uhr geworden und stockfinstere Nacht. Was soll man da auch anderes machen, als sich wieder auf einige Zeit mit seinem kleinen Fraule, wenn auch nur in Gedanken, zu unterhalten. Man möchte wieder für einige Minuten aus dem sturen Frontalltag herauskommen und wieder an was Anderes denken als an den ewigen Tod und die Vernichtung.

Heute habe ich etwas Hausfrau gespielt und ich habe Wäsche gewaschen, erst eingeweicht und dann gekocht, aber ohne Seife, Ata oder Henkel. Schwarz ist sie ja sowieso und große Ansprüche werden hier auch nicht gestellt. Jetzt lasse ich sie mal im Wasser schön abkühlen und dann kann sie mit ruhigem Gewissen trocknen, in der Wäsche, die ich zurzeit anhabe, haben sich schon wieder die niedlichen Tierchen angesiedelt, und für sie wird es Zeit, dass sie den Ernst des Lebens mal wieder kennenlernen.

Meine Lazarettaussichten stehen noch sehr schlecht, da ich mich noch einer ausnehmend guten Gesundheit erfreue. Ich hoffe doch, dass Du noch genauso auf der Höhe bist?

In meiner freien Zeit habe ich mich nun auf „künstlerisch" versucht und eine Weihnachtskarte hergestellt, fange aber bitte nicht an zu lachen, ich konnte es wirklich nicht besser, leider. Du sollst aber wenigstens in diesen traurigen Zeiten eine Weihnachtskarte von mir haben, wenn auch frontmäßig.

Wie geht es sonst in der Heimat, mein Liebling, was macht der Tommy, kommt er noch oft, Du musst wissen, ich lebe zurzeit auf dem Mond, wo es noch keine Zeitungen gibt. Soeben haben wir dem Iwan mal wieder ein paar Granaten rübergeschickt per Luftpost. Der wird sich nicht schlecht gewundert haben, so aus dem heiteren Himmel. Die Dankensadresse wird wohl nicht lange auf sich warten lassen, ist aber auch egal!

Für heute sei nun wieder herzlichst gegrüßt und innigst geküsst von Deinem Dich liebenden Bubilein.

keiten genug: wie dass Herzog Heinrich der Löwe dem Bischofe von Freising die Brücke bei Föhring gewaltsam weggerissen habe, wie sich droben auf der Schäftlarner Schwaige genüber Haidhausen an der Isar jetzt gar eine neue Stadt erhebe, wie das uralte Fürstengeschlecht der Wittelsbacher wieder das angestammte Szepter über das Bayernvolk führe, wie Herzog Ludwig zum Kaiser gewählt worden und die Siege bei Gamelsdorf und Ampfing errungen, wie Herzog Christoph so grausam tapfer ins heilige Land gefahren sei, wie in München eine wunderschöne grosse, neue Kirche zu Unser lieben Frau gebaut werde, wie von Wittenberg eine ganz neue kirchliche Lehre ausgehe, wie die Bauernschaft in Schwaben, Franken und im Salzburgischen gegen ihre Herren sich erhebe, wie Herzog Albrecht V ein gar so prächtiger Herr sei und das Geld scheffelweise verschütte für niederländische Sänger[10]) und allerlei Seltsamkeiten, die er von allen Seiten insonderheit aus Italia zusammenscharre, während das arme Volk unter der Last der Steuern seufze,[11]) wie er eben wieder im Schlosse Dachau kostbarliche Bauten vornehme,[12]) die's nicht nötig habe und so weiter —: kurz: die Kunde von allen politischen und religiösen und sozialen Ereignissen fand ihren Weg auch zu den Schwaigern unserer Hochebene und stimmte die einsamen Herzen zu Freude und Trauer.

Aber keine Nachricht dürfte sie je in grössere Aufregung versetzt haben, als das Gerücht, dass Herzog Wilhelm V von Bayern sich mit dem Gedanken trage, sich mitten unter ihnen ein stilles, von allem Tageslärm zurückgezogenes Heim aufzuschlagen.

Das ist blosses Gerede, sagte [illegible] Schleissheimer Schwaiger Konrad [illegible] will denn der Herzog hinbauen? Wer soll ihm [illegible] Bauplatz abtreten? Wenn auch [illegible] hochg[illegible], der Fürstbischof Ernst, ein Bruder des Herzogs Wilhelm ist, dass darum nur ein Tagwerk von der Schwaige Schleissheim an ihn verkauft würde, ist ganz un[illegible] seit 800 Jahren ist Schleissheim eines der vornehmsten Mensalgüter des

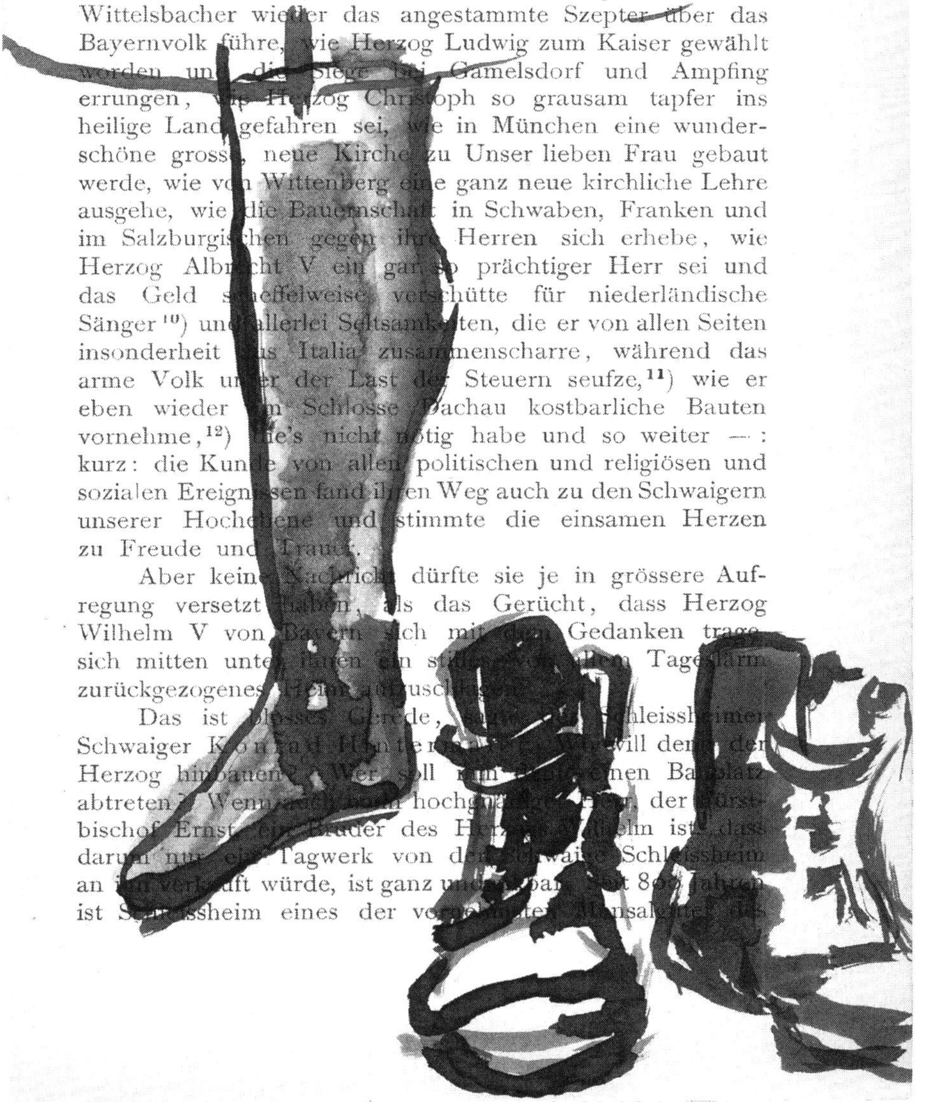

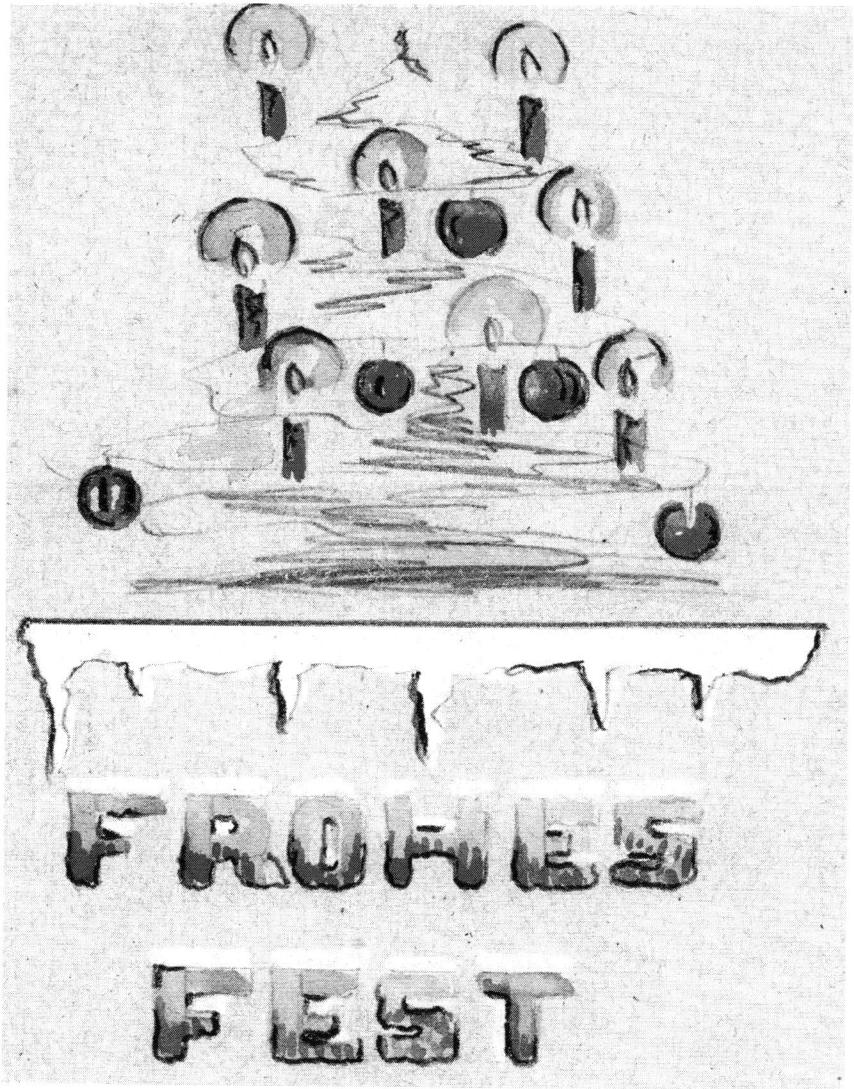
FROHES
FEST

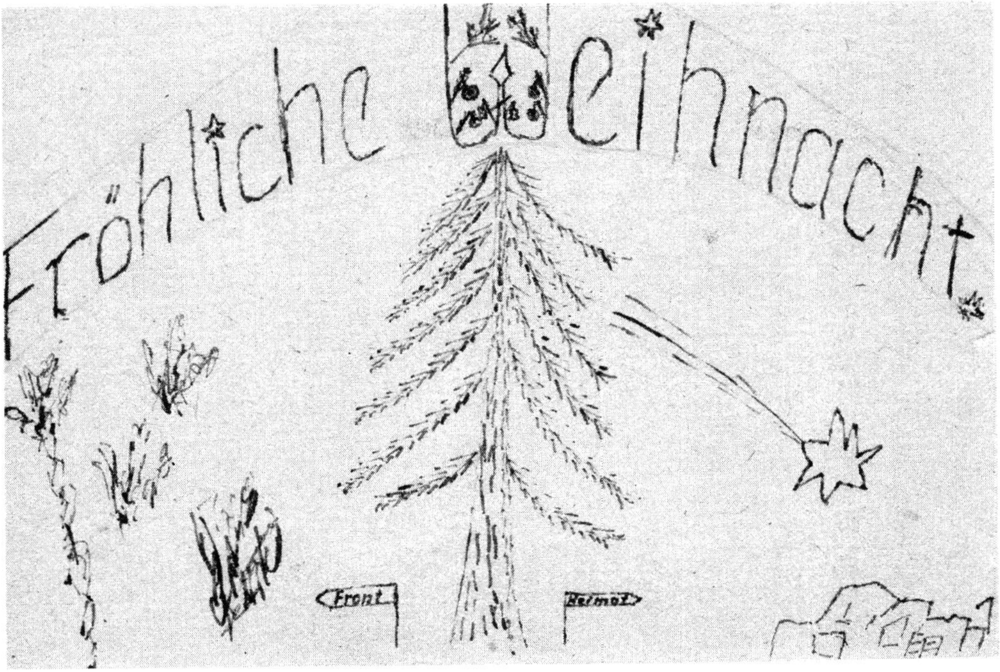

Von Fritz an der Front gezeichnete Weihnachtskarten für Hedwig im Dezember 1943

12.12.1943

Meine liebe kleine Hedifrau!

Heute, am 3. Adventssonntag, erhielt ich als herrliches Geschenk deine beiden Briefe, wofür ich auch meinen herzlichen Dank sage. Du glaubst gar nicht, wie ich mich nach diesen Briefen gesehnt habe, wahrscheinlich genauso, wie Du Dich auch nach den meinen sehnen wirst. Habe ich recht, mein Liebling? Vor allen Dingen begrüße ich, dass Du mir jetzt auch nach Möglichkeit alle 2 Tage schreiben willst, aber hoffentlich doch nicht nur aus Angst, dass ich im Urlaub sonst wieder so viel schimpfe. Übrigens habe ich gar nicht geschimpft, sondern nur klar zu machen versucht, wie weh es auch mir tut, wenn ich mal ein paar Tage auf Post von meinem Hedilein warten muss. Aus diesem Grund schreibe ich ja auch meiner kleinen Hedi alle 2 Tage. Damit wäre auch dies erledigt, nicht wahr, mein Kleines.

Deine Fragen habe ich Dir in weiser Voraussicht schon in den vorhergehenden Briefen beantwortet. Du wirst sie ja inzwischen schon empfangen haben. Der Abschiedsschmerz ist ja wohl zurzeit das dunkelste Kapitel, Du hast recht mein Liebling, wenn Du meinst, dass ich sehr darunter zu leiden habe, bestimmt so viel wie du, ich kann mich aber freuen, wenn ich an Frankfurt zurückdenke, es waren doch immerhin einige schöne Stunden noch, die wir uns auf diese Art und Weise „erstritten"! Was haben eigentlich meine Eltern dazu gesagt?

Wie Du schreibst, ist im Geschäft sehr viel Arbeit und damit hast Du Dir über die ersten schweren Stunden hinweggeholfen, mein armes Fraule. Ich glaube es gerne, dass Dich der Abschied sehr hart getroffen hat, denn diese 3 Wochen waren wirklich ganz wunderschön und ich bin auch sehr sehr schwer von Dir weggegangen. Als ich im Frankfurter Bahnhof auf einmal Tränen in deinen Augen sah, musste ich einfach weg, sonst hätte ich nicht mehr den Mut gehabt, noch wegzufahren. Deshalb auch der kurze und schnelle Abschied meinerseits. Du wirst Dich vielleicht darüber gewundert haben, deshalb schreibe ich Dir dies. Und als dann die Heimat immer mehr mit Dir hinter mir versank, da kam mir der Abschied immer mehr zu Bewusstsein und ich hätte heulen mögen wie ein kleines Kind. Mit allem zog es mich zurück zu dir, aber das Wagnis wäre zu groß gewesen, man hätte dabei mehr zertrümmert als gutgemacht! Das verstehst Du doch, gell, mein kleines Lieb? Du wirst überhaupt denken, was ich Dir da vorjammere, aber einmal muss ich's Dir doch sagen, sonst ersticke ich noch daran, denn man soll ja schließlich nicht alles in sich hineinwürgen! Ich habe nämlich ein unsägliches Heimweh nach dir, mein kleiner Liebling, und man-

ches Mal möchte ich es fast nicht glauben, dass ich mit Dir oder überhaupt verheiratet bin. Geht es Dir nicht ebenso, mein kleines Hedilein?

Heute am späten Nachmittag griff der Iwan mal wieder mit zwei Kompanien unsere Stellung an, woraus allerdings nichts geworden ist, dafür haut er uns jetzt mal wieder mit seiner Artillerie den Laden voll. Das geht auch mal wieder vorüber, unser Ideal ist das allerdings nicht, noch so kurz vor Weihnachten am hellen Sonntag.

Heute hatte ich auch noch nach längerer Pause Erfolg in der Kammerjagd, eine niedliche fette Laus, Stalinkarnikel genannt, hauchte zwischen meinen Nägeln mit einem hörbaren Knacks ihr lausiges Leben aus! Die nächsten werden wohl bald folgen.

Über das Wetter ist nichts Nachteiliges zu berichten, zwei Tage hat es getaut und dann wieder tüchtig gefroren, dass es hier aussieht wie in der Eiszeit. Am Tage scheint die Sonne und gibt der beiderseitigen Luftwaffe Gelegenheit, sich auszutoben und den Landsern einen schönen Zeitvertreib!

Das wäre für heute mal wieder alles, mein Liebling. Mein nächster Urlaub wird wahrscheinlich im Mai oder Juni steigen.

Wie geht es Dir sonst? Hoffentlich doch noch gut, was auch bei mir der Fall ist. Sei nun für heute recht herzlich gegrüßt und innigst geküsst von Deinem Dich liebenden Bubilein.

14.12.1943

Meine liebe kleine Hedifrau!

Nach zweitägiger Pause bin ich nun mal an der Reihe, Dir ein Lebenszeichen zukommen zu lassen.

Hier ist gegenwärtig mal wieder Tauwetter, was das heißt, kannst Du Dir ja wohl mal wieder vorstellen, eiskalter Schlamm bis zu den Knien, es ist bestimmt sehr gesundheitsfördernd! Aber das geht auch mal wieder vorüber, die große Kälte wird aber nicht mehr so lange auf sich warten lassen.

Unsere Weihnachtsvorbereitungen sind auch soweit abgeschlossen, es wird auch mal wieder eine Torte für die Kameraden geben und dann Kartoffelsalat mit Salzgurken. Jedenfalls werde ich mich am Heiligen Abend wieder vollllaufen lassen, da spürt man doch wenigstens das Heimweh nicht so. Die Marketenderzuweisung wird ja ziemlich reichhaltig ausfallen. Genauen Bericht werde ich Dir noch zukommen lassen über den Verlauf der Feier, wenn nicht wieder was dazwischenkommt.

Wie geht es Dir überhaupt, mein kleines Faule, ich hoffe doch noch gut, bei mir ist das allerdings noch nicht der Fall! Ich habe mich nämlich etwas erkältet, der Arzt hat mir da etwas verordnet, das auch tatsächlich nun Linderung verschafft, und ich hatte mich doch so auf Lazarett gefreut. Mit dem Heimatschuss ist das so eine Sache, meistens geht er tiefer wie beabsichtigt, fällt also vorläufig aus wegen Nebel!

Übrigens habe ich so das Gefühl, als ob uns 1944 den Frieden bringen wird. Das wäre das Herrlichste, was überhaupt je vorkommen könnte, denn da würden sich unsere Wünsche „Eigenheim" prima ausführen lassen!

Für heute lass uns nun mal genug sein und sei herzlichst gegrüßt und innigst geküsst von Deinem Dich immer liebenden Bubilein.

16.12.1943

Meine liebe kleine Hedifrau!

Erhielt soeben deinen Brief vom 6.12., wofür ich Dir auch herzlich danke.

Dass Du so lange nicht zum Schreiben kommst, kann ich mir denken, mein kleines Hedilein, wenn Du noch so viel zu beantwor-

ten hast, das geht natürlich (leider) vor. Sonst denken die Leute noch, wir seien undankbar, gell, mein liebes Fraule.

Hoffentlich hast Du inzwischen das Geld erhalten, es war mir leider nicht möglich, es in Frontgeld zu schicken, da die den Laden auch schon gemerkt haben. Das mit dem andern Geld hast Du sicherlich falsch verstanden, ich hatte nämlich noch 20 RM Frontgeld, aber die konnte ich Dir nicht schicken, da ich sie noch selbst gebraucht habe. Ich hatte Dir doch versprochen, von der Grenze noch Frontgeld zu schicken. Leider ging es ja nun nicht, was Du sonst mit dem Geld machst, ist mir ziemlich gleich, ich weiß nämlich sehr gut, dass es bei Dir in sicherer Obhut ist, gell, mein Liebling.

Dass Trudel und Addi sich am 28.11. doch noch verlobt haben, freut mich sehr, da wird aber Mutter Kirch so langsam die Schnauze voll haben vom vielen Festefeiern! Jetzt kommt noch Lissi und Genie und dann ist ja die Reihenfolge soweit um. Papa Kirch kann so langsam Feierabend machen und alles Weitere seinen Schwiegersöhnen überlassen, die sich dann weiter plagen dürfen!!

Deine Nachricht über die gewisse Anmeldung hätte mich beinahe auf das Freudigste erregt, aber wir wollen das alles ruhig der Zukunft und dem Schicksal überlassen, gell, mein Liebling. Selbstverständlich bleibt das großes Geheimnis zwischen uns, mein Liebling. Die Andern erfahren das sowieso früh genug. Im Übrigen hoffe ich, dass es Dir noch gut geht, was auch bei mir der Fall ist.

Sei nun herzlich gegrüßt und innig geküsst von Deinem Dich liebenden Bubilein.

18.12.1943

Meine liebe kleine Hedifrau!

Heute will ich Dir nun wieder ein paar Zeilen schreiben, ich habe gerade Zeit dazu, anschließend muss ich dann noch Strümpfe waschen und zu Abend essen, dann steigt mal wieder ein Fest, heute gab es nämlich Schnaps, das sagt ja an und für sich alles!

Sonst hoffe ich doch, dass es Dir noch gut geht, mein kleiner Liebling, was auch bei mir wieder der Fall ist. Jetzt fängt auch wieder die Zeit an, wo man sich abends an das Bett binden muss, sonst laufen die Stalinhasen mit einem fort. Jedenfalls ein sehr unterhaltender Sport. Man kann da so schlecht schlafen, da es immerfort beißt, als ob man in die Brennnesseln gefallen wäre. Aber diese Sorgen kann ich mir alleine vom Halse schaffen, da kannst Du mir nicht helfen dabei, leider.

Gestern Abend hatten wir hier eine schöne Musik von Iwan, der spinnt nämlich so langsam. Bei dem machen sich die Kriegsjahre scheinbar auch schon bemerkbar.

Aber eine Bitte habe ich an dich, mein Liebling, schicke mir doch mal ein Glas Tinte, sonst bin ich leider wieder gezwungen, mit Bleistift zu schreiben. Vorausgesetzt natürlich, dass es in der Heimat noch Tinte gibt!

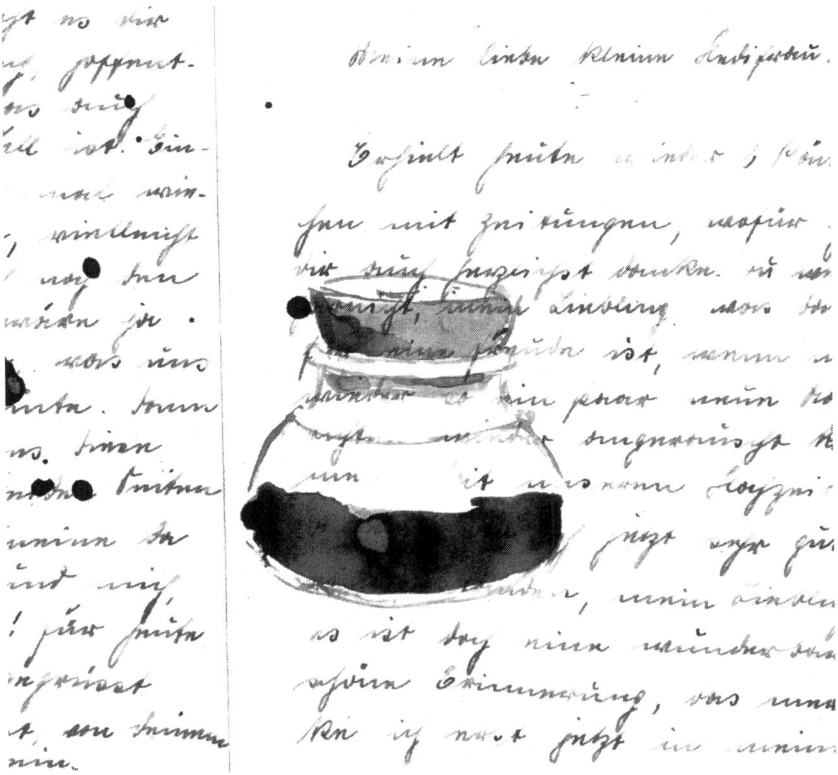

Was hört man sonst Neues zu Hause, hier ist es weiter noch nichts, Frieden ist auch noch nicht in Aussicht!

Warst Du eigentlich zu Hause, als Trudel Verlobung feierte, ich nehme an, dass Du auch durch Abwesenheit geglänzt hast, womit ich wohl recht haben dürfte, gell, mein Liebling.

Wie ist es mit Fliegerangriffen, hoffentlich nicht so toll?

Für heute sei nun herzlich gegrüßt und innig geküsst von Deinem Bubilein.

Viele Grüße an Tante Aenne.

20.12.1943

Meine liebe kleine Hedifrau!

Heute erhielt ich von Dir die 3 Packen Zeitungen, wofür ich Dir auch bestens danke. Ich war natürlich sehr überrascht, ich glaube nämlich bald, dass Du Gedanken lesen kannst. Gebrauchen kann ich sie nämlich sehr gut. Die Abende sind doch so furchtbar langweilig hier in den Bunkern und man ist doch sehr froh, wenn dann etwas zu lesen da ist oder doch zugeschickt wird.

Sonst geht es uns noch gut, mein Liebling, was ich auch von Dir annehme. In den nächsten Tagen wird mir die Post ja hoffentlich wieder mal ein Lebenszeichen von Dir bringen, da werde ich's ja dann erfahren.

Hier ist auch noch alles still und friedlich, Iwan lässt uns so ziemlich in Ruhe, was ihm auch sehr geraten ist, denn wir lassen uns doch ungern die Weihnachtsstimmung verderben, das glaubst Du doch auch, gell, mein Liebling?! Wetter ist sehr kalt und es schneit sehr oft. Das richtige Weihnachtswetter, nur passen die Schützengräben und Geschützstellungen sehr schlecht zu diesem friedlichen Bild.

Die Läuse haben sich auch wintermäßig entwickelt, scheinbar sind sie wieder alle vollzählig da, wir kratzen und scharren wie die Hühner. Russland ist eben ein Paradies, da kann man nichts machen. Hoffentlich ist wenigstens nächstes Jahr um diese Zeit so was Ähnliches wie Frieden auf dieser Welt, aber wie das sein wird, kann ich mir schon gar nicht mehr so richtig vorstellen. Ja, Frieden auf der Welt ist schwierig. Einmal wieder zu Hause sein, bei dir, mein Liebling, in einer eigenen Wohnung und dann nicht mehr fortmüssen, der Gedanke ist schon herrlich, wie mag es da erst in Wirklichkeit sein? Kannst Du Dir das so richtig vorstellen, meine kleine Hedifrau?

In diesem Brief möchte ich Dir nun noch alles Gute und Liebe für das neue Jahr wünschen, mein kleiner Liebling. Sei nun herzlich gegrüßt und innigst geküsst von Deinem Bubilein.

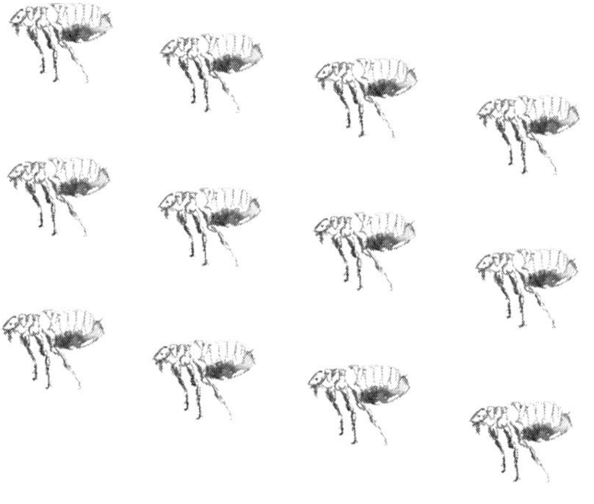

22.12.1943

Meine liebe kleine Hedifrau!

Nun sind es noch 2 Tage bis zum Heiligen Abend, Post von Dir habe ich noch keine erhalten, vielleicht kommt zum 24. noch was. Meine Stimmung ist so langsam unter den Nullpunkt geklettert, aber das liegt nicht daran, dass ich noch keine Post von Dir erhalte, sondern das liegt in der jetzigen Zeit, weihnachtliche Stimmung und Fronteinsatz, fern von allem, was man lieb hat, verträgt sich einfach nicht. Wahrscheinlich wird es ja bei Dir genauso sein, hoffentlich werden wir das nächste Weihnachtsfest gemeinsam erleben dürfen, das ist der größte Wunsch, den ich habe.

Allen Anzeichen nach werden wir dieses Jahr in Russland eine schneefreie Weihnacht feiern, was gewiss sehr selten ist. Heimweh habe ich wieder mal, es ist kaum zu beschreiben, ich möchte am liebsten jetzt zu Dir fliegen, damit ich nur schnell genug bei Dir sein könnte, aber einmal wird ja auch diese Zeit wieder kommen.

Um diese Zeit sollten ja auch unsere Hochzeitsbilder fertig sein. Ich bin mal furchtbar neugierig, wie sie geworden sind, und ehrlich gesagt freue ich mich wahnsinnig, wenn ich das schönste davon in Händen halten werde. Es wird ein sehr schönes Weihnachtsfestgeschenk werden.

Wie geht es Dir eigentlich, mein Liebling, ich hoffe doch, noch sehr gut. Bei mir ist bis auf die bewussten Schmerzen noch dasselbe der Fall. Von Hans bekam ich auch dieser Tage einen Brief. Es geht ihm Gott sei Dank noch gut, ich hatte nach dem schweren Fliegerangriff auf Leipzig Schlimmeres vermutet. Erfahrungsgemäß leiden ja die Lazarette am meisten.

Augenblicklich sind wir hier damit beschäftigt, Weihnachtsschmuck herzustellen, Eierhandgranaten mit Silberpapier umwickelt täuschen die Kugeln vor und angestrichene Gewehrpatronen die Zuckerstangen. Alles in allem ziemlich toll, der ganze Laden. Aber das passt so richtig in den Krieg, Tannenbäume stehen hier in genügender Anzahl rum, man braucht sich bloß einen mitzunehmen. Und da soll der Mensch nicht traurig werden. Iwan hat im Lautsprecher auch wieder mal die Klappe aufgerissen, aber diese komischen Vögel haben ja Angst vor der eigenen Courage. Wir werden wohl ein ruhiges Fest verleben dürfen, vorläufig wenigstens.

Das wäre für heute mal alles, mein kleines Lieb. Sei nun herzlich gegrüßt und innigst geküsst von Deinem Dich liebenden Bubilein.

Viele Grüße auch an Tante Aenne.

Heiliger Abend 1943

Meine liebe kleine Hedifrau!

Soeben erhielt ich deinen lieben Brief, wofür ich Dir auch herzlichst danke.

Du hast schon richtig geraten, es sind die einzigen Weihnachtsgrüße, die mich von der Heimat erreichten, aber auch die liebsten, denn sie kommen ja von dir, mein kleines Fraule, das ist sehr wichtig!

Gesund bin ich auch noch, mein kleines Fraule, hoffentlich trifft dies auch noch bei Dir zu. In diesem Jahr haben wir sogar die Freude, ein schneeloses Weihnachten feiern zu können! Mit der Frontnähe hast Du auch recht, mein Liebling, ich liege genau 500 m hinter der HKL (Hauptkampflinie), aber deswegen darfst Du wirklich nicht schwarzsehen, es ist nämlich gar nicht so gefährlich, wie es aussieht!

Meine Weihnachtsgrüße haben Dich ja hoffentlich inzwischen schon erreicht. Die Wintererfahrung, die ich voriges Jahr sammeln konnte, kann ich sehr gut jetzt verwenden, aber so kalt ist es ja noch nicht, Gott sei Dank!

Dass der Krieg wohl in diesem Jahr kein Ende mehr nehmen wird, ist wirklich anzunehmen, da setzen wir eben wieder alle Hoffnung auf das nächste, einmal wird er ja wohl ein Ende nehmen, die Hauptsache ist, dass ich gesund zu meinem kleinen lieben Fraule zurückkehren darf!

Z.marken gab es bis jetzt noch keine, ich werde sie aber bestimmt zuschicken, damit Du nicht wieder anfängst zu schimpfen, gell, mein Liebling. Ja, mein kleines Fraule, wir wollen zusammen durch das Leben gehen, mag kommen was will, unsere Liebe wird immer einen Ausweg finden und wenn wir immer fest zusammenhalten, kann uns ja auch wirklich nichts passieren.

Meine Gedanken am heutigen Abend sind bei Dir, mein geliebtes Fraule, genauso wie die Deinigen bei mir sein werden, auf dieser

Bahn werden wir doch heute zusammensein. Ich habe furchtbares Heimweh nach dir!

Für heute sei nun herzlichst gegrüßt und innigst geküsst von Deinem Bubilein.

1. Weihnachtstag 1943

Meine liebe kleine Hedifrau!

Heute, am 1. Weihnachtsfeiertag, will ich dir, mein kleines innigst geliebtes Frauchen, die herzlichsten Grüße und sehr viel Weihnachtsküsse schicken. Ich habe eine ungeheure Sehnsucht nach meiner kleinen Hedifrau, bin sehr in Sorge, ob Du noch wohlauf und munter sein wirst.

Am 22.12. hat der Tommy doch wieder die Gegend heimgesucht und ich bete zu Gott, dass dir, mein kleines Frauchen, nichts passiert ist, denn so grausam darf das Schicksal nicht sein und mir das Liebste, das ich auf Erden hab, nehmen. Körperlich geht es auch mir noch gut, mein Liebling, und ich hoffe, dass es so bleiben wird.

So langsam rollt auch die feindliche Offensive wieder hier an, schätzungsweise wird sich so Mitte Januar wieder in der hiesigen Gegend die Hölle auftun. Wenn man sich die Sache so überlegt, ist es doch ein ziemlich trauriger Ausblick für das neue Jahr. Hoffentlich wird alles gut ausgehen.

Sei nun für heute herzlichst gegrüßt und innigst geküsst von Deinem Dich immer liebenden Bubilein.

2. Weihnachtstag 1943

Meine liebe kleine Hedifrau!

Auch heute sollst du, meine liebe kleine Hedifrau, einige Zeilen von mir bekommen. Nun sind die Feiertage auch wieder um und es geht nun mit Macht zum Ende des Jahres.

1943 hat uns beiden, mein Liebling, wohl die Erfüllung unseres höchsten Wunsches gebracht, wo wir wohl schon so lange mit so viel Sehnsucht warteten. Den so ersehnten Friedensbeginn müssen wir wohl auf das nächste Jahr verschieben. Aber trotzdem waren wir beide in den kurzen Urlaubstagen, die uns zur Verfügung standen, sehr glücklich, gell, mein kleines Fraule, und ich hoffe, dass wir auch weiterhin so glücklich bleiben dürfen. Unsere Liebe wird ja schon dafür sorgen, gell, mein Liebling. Wir beide haben uns doch so sehr lieb, dass uns wirklich nichts passieren kann. Meine Sehnsucht nach Dir ist riesengroß und ich wäre so brennend gerne bei dir, aber ich hoffe, dass diese Zeit nicht mehr so ferne sein wird.

Für heute, mein Liebling, sei nun herzlich gegrüßt, halte Dich munter und sei ganz lieb geküsst von Deinem Dich so sehr liebenden Bubilein.

27.12.1943

Meine liebe kleine Hedifrau!

Heute erreichten mich deine beiden Weihnachtspakete, wofür ich Dir auch allerherzlichst danke. Über den Inhalt desselben kann ich nur sagen, dass ich überrascht davon war, mein Liebling, wo Du mir immer das viele Zeug her organisierst. Ja, mein Liebling, nun hat mich doch das Christkind noch gefunden hier in Russland und hat mir sehr viel liebe Grüße und ungezählt innige Küsse von mei-

ner kleinen Frau überbracht. Ich glaube, dass das Christkind, so wie du, mein Liebling, sehr gut weiß, was mir fehlt hier, nämlich diese wunderbar zärtliche Liebe von meinem Hedikind!

Ja, mein kleines Fraule, ich wäre sehr glücklich gewesen, wenn ich diese Weihnacht hätte mit Dir feiern dürfen. Ich wäre der glücklichste Mensch mit Dir zusammen gewesen, das kannst Du Dir doch denken, gell, mein Liebling. Hoffentlich bringt uns wenigstens 1944 den so heiß ersehnten Frieden, denn wir beide haben ja noch so viel an Glücklichsein nachzuholen, das habe ich so richtig im letzten Urlaub gemerkt, Du auch, mein Lieb. Wir haben uns beinahe viel zu lieb, jedenfalls für diese ewig langen Trennungszeiten, denen wir leider unterworfen sind, denn wir zehren uns ja halt vor lauter Heimweh zueinander auf. Ich hatte nämlich eine furchtbare Angst vor den Feiertagen, das Heimweh war zu stark, jetzt sind sie ja Gott sei Dank rum, aber frag nicht, wie. Wenigstens hat uns Iwan in Ruhe gelassen, sonst wäre es ganz mies geworden. Du fehlst mir eben doch zu sehr, deine so lieben Weihnachtswünsche haben mich sehr ergriffen, das kannst Du mir glauben, denn eine solch innige und starke Liebe, die aus diesen Worten sprach, werde ich wohl nie mehr finden. Auch weiß ich sehr bestimmt, dass sich deine Wünsche bezüglich meiner glücklichen Heimkehr erfüllen werden, denn kein Schicksal kann so grausam sein, um uns zu trennen.

Zum Abschluss will ich Dir noch sagen, wie sehr ich Dich lieb habe, meine kleine Hedifrau, und dass ich Dich immer nur glücklich sehen will.

Mit den herzlichsten Grüßen und innigsten Küssen denkt an dich, dein Bubilein.

Unger, Heinz
Oblt. u.Komp.-Führer
L 54721 A, Königsberg

Vor Leningrad,im Dezember 1943.

Sehr geehrte Frau Winkler!

Das Weihnachtsfest war immer für jeden Deutschen ein Fest der Besinnlichkeit,der Freude,eine Feier,die die ganze Familie zusammenführte. So gehen auch unsere Gedanken in diesem Jahr aus den tiefverschneiten Bunkern vor Leningrad zur Heimat,nach Deutschland. Diese Zeilen sollen das Band flechten von unserer Familie,der Kompanie, zu allen Angehörigen in der Heimat,die jeden Tag und jede Stunde um uns bangen und für uns sorgen. Wissend um die Not,die Sorgen und die Schwere der Arbeit,die sie tagaus und tagein zu verrichten haben,sind wir aber unbändig stolz über die Haltung,die die Heimat trotz der vielen Terrorangriffe zeigt.

Als Oberhaupt unserer Familie sende ich Ihnen allen im Namen der ganzen Kompanie herzliche Weihnachtsgrüße, verbunden mit der Hoffnung,daß Ihnen das Jahr 44 alles Gute und uns allen den heißersehnten Endsieg bringen möge.

Heil Hitler

Ihr Unger

28.12.1943

Meine liebe kleine Hedifrau!

Mit großer Freude erhielt ich heute deine beiden lieben Briefe vom 10. und 18.12., wofür ich Dir auch allerherzlichst danke.

Zuerst will ich Dir nun mal den vom 10. beantworten. Dass ich gut bei meiner Einheit angekommen bin, habe ich ja schon geschrieben, hoffentlich hast Du jetzt alle Briefe, die dieses Thema angehen, in Händen, wo ich ausführlich darüber schrieb.

Ja, mein kleines Hedikind, Du hast mir 21 wundervolle und vor allen Dingen sehr glückliche Urlaubstage bereitet. Was Du mir einmal in einem Brief geschrieben hast, dass Du eine ganz kleine und liebende zärtliche Frau sein möchtest, hast Du auch prompt durchgeführt. Du wirst ja wohl begreifen können, wenn ich an diese herrlich glücklichen Tage nur noch mit ein bisschen Wehmut zurückdenken kann, denn sie sind vorläufig, bis zum nächsten Urlaub wenigstens, wie ein sehr schöner Traum! Aus diesem Grunde glaube ich Dir auch gerne, dass Du froh bist, durch deine Arbeit wenigstens ein wenig vom Nachdenken an diese schöne Zeit abgehalten zu werden.

Dass sich unser Wunsch nicht erfüllt hat, tut mir auch sehr leid, ich hätte mich wirklich unsagbar gefreut, aber da ist ja nun wirklich nichts zu machen und wirklich ein Grund, recht bald wieder auf Urlaub zu kommen. Ich freue mich schon heute darauf, obwohl es bestimmt Sommer darüber werden wird. Aber diese Jahreszeit hat auch ihre schönen Seiten, gell, mein Liebling, jedenfalls bestimmt schönere als im April oder November. Das Wetter hier ist einigermaßen erträglich, bis jetzt ist noch der ganze Schnee weg und kalt ist es auch noch nicht. Ein Rekord für Russland um diese Jahreszeit, denn wir haben ja bald Januar. Mit meiner Winterbekleidung ist es bis jetzt noch schlecht bestellt, vorläufig habe ich außer ein paar Pelzstiefel noch nichts. Wenn es nicht kälter wird, reicht mir dies auch vollkommen aus.

Mit seinem Urlaub hat Hans also Pech gehabt, dass man aber auch nur immer im Urlaub abgerufen wird, ist mehr als peinlich. Uns beiden hat man ja auf dieselbe Art und Weise auch mal einen Urlaub versaut. Die Karte von Milli war sehr nett gewesen, ich habe ihr auch schon einen Brief geschrieben, bin mal neugierig, was sie zurückschreibt.

Dass das Frontgeld in Frankreich nichts mehr gilt, ist sehr schade, da brauch ich ja keins mehr zu schicken. Gewusst oder gehört habe ich davon allerdings noch nichts. Meine Reise hierher führte wohl über Insterburg, aber nicht über die Strecke, die ich fahren wollte, sondern wieder durch das Partisanengebiet, aber ich kam auch so gesund und munter hier an, was ja die Hauptsache ist.

Dass Du nicht das Gefühl haben sollst, mein Liebling, wir seien so weit voneinander entfernt, deswegen schreibe ich ja jeden zweiten Tag, denn mein kleines Fraule soll sich in Gedanken immer bei mir befinden! Ich befinde mich nämlich auch jeden Tag nur bei dir, mein kleines Hedikind. Mit der Bahn und mit der Post ist auch nicht mehr viel los, da hast Du wohl recht, mein Liebling, aber Kriegsbelange gehen mal eben vor, dann kommen noch diese vielen Ausfälle durch die Bombennächte. Trotzdem ist es sehr schmerzlich, wenn die Post ausbleibt.

Mit dem Straßenkehren ist das nicht so hart gemeint, mein Liebling, es ist nur eine stehende Redensart der Ostfront, wenn einem einmal alles bis zum Halse steht. Trotzdem würde ich sehr gerne morgens um 5 Uhr aufstehen und Kaffee trinken, denn hier muss ich das auch machen, bloß muss ich mir den Kaffee selbst kochen, wenn ich welchen trinken will. Von Dir würde er mir aber bestimmt besser schmecken, oder meinst Du nicht auch, mein kleiner Liebling.

Mit dem Zahnarzt musst Du Dich aber mal beeilen, mein kleines Lieb, sonst wird der gute Mann noch reich von Dir alleine!

Was mit meinem Bruder los ist, weiß ich nicht, jedenfalls kam er gut aus dem Bombentheater. Bin mal neugierig, was er so schreibt.

Nach vorsichtigen Schätzungen bin ich so im Monat Juni mit Urlaub dran. Das wäre so mitten im Sommer, kleines Lieb, aber prima Aussichten, oder meinst Du nicht auch, dann können wir doch wenigstens unsere schöne Zeit besser verwenden, nicht so wie in dem trüben November, das heißt, wenn das Wetter sommerlich ist. Besorge aber Filme, mein Liebling, denn in dem kommenden Urlaub werden wir wohl sehr viel photographieren, denn ich möchte so viele Bilder wie möglich von meinem kleinen Fraule haben.

Wie geht es Dir sonst, mein Liebling, hoffentlich doch noch recht gut, was auch bei mir der Fall ist. Vielen Dank auch für die Grüße von Tante Aenne, ihren Ratschlag habe ich befolgt.

Für heute nun recht viele Grüße und innige Küsse von Deinem Bubilein.

1.1.1944

Meine geliebte kleine Hedi!

Der erste Gruß im neuen Jahr soll Dir gehören, mein geliebtes kleines Fraule, und alle guten Wünsche begleiten diesen Gruß aus den Kampfgräben rund um Leningrad. Mir geht es soweit noch gut, was ich auch von Dir hoffe, meine Hedimaus, und ich wünsche, dass auch Du glücklich in das neue Jahr gekommen bist.

Meine Kameraden und ich sitzen im Bunker zusammen, trinken Kaffee, Alkohol gibt es keinen, und erzählen von der Vergangenheit, von toten Kameraden, die wir kannten, und von der Zukunft von unseren Lieben in der Heimat. Dabei geht die Zeit rum, denn an Schlafen ist nicht zu denken, es werden wohl einige Überraschungen von Feindseite erwartet werden. Die Gewehre, Handgranaten und was sonst noch so zum Handwerk gehört, steht wie immer griffbereit, passieren kann unter diesen Umständen wenig oder nichts. Was uns das neue Jahr bringen mag, weiß man auch *nicht, hoffentlich wird es ein Ende dieses Krieges bringen, denn ich möchte auch einmal das ganze Jahr über glücklich sein, so glücklich wie in den kurzen Urlaubswochen mit dir, mein Liebling. Ein Recht darauf haben wir uns ja erstritten, gelt, mein Hedilein, aber wir müssen uns halt weiter mit den Worten „Es wird schon noch werden!" trösten. Deshalb wird ja auch unsere Liebe nicht kleiner werden, denn im Gegenteil, gerade diese Liebe lässt uns ja diese Trennungen so ertragen, gell mein Lieb. Aber diese Liebe schafft auch viel Kummer, denn das Herz drängt doch immer wieder zu dem geliebten Menschen hin und möchte dort wohlbehütet bei dem kleinen und zärtlichen Fraule sein. Ja, mein Liebling, Du hast mich*

sehr verwöhnt, mir gefällt sonst gar nichts mehr, ich möchte zu Dir und meinen Kopf in deine Hände und an deine Brust legen, um mich auszuruhen.

Für heute sei nun herzlichst gegrüßt und innigst geküsst von Deinem Bubilein

3.1.1944

Meine liebe kleine Hedifrau!

Heute erhielt ich mit glücklicher Freude zwei Briefe von dir, der eine vom 21., der andere vom 25.12., wofür ich Dir auch meinen allerherzlichen Dank sage. Ganz besonders will ich Dir noch für die Zusendung aller drei Hochzeitsbilder danken, sie sind ausnehmend schön geworden. Scheinbar muss ich aber auf allen dreien verliebt oder sehr verliebt aussehen, sonst hättest Du mir sie wohl kaum geschickt, gell, mein liebes kleines Fraule.

Dass Tante Aenne bei dem komischen Glatteis mal wieder Pech hatte, ist sehr bedauerlich. Ich wünsche ihr gute Besserung! Ich bin nur froh, dass dir, mein Liebling, nichts bei diesem Wetter passiert ist. Ich hatte hier vielleicht eine Angst um dich, als ich hörte, dass das Rhein-Main-Gebiet wieder mal das Ziel der Briten war. Gott sei Dank ist ja nichts passiert. Ein unbehagliches Gefühl bleibt uns aber doch. Sieh mal, mein Liebling, Du schreibst immer, ich brauche keine Angst um Dich zu haben, weil Du in der Heimat bist. Ja, bloß ist manchmal in der Heimat auch ganz nett der Teufel los, manchmal schlimmer als an der Front.

Mit dem Urlaub im Mai, oder wollen wir mal lieber sagen Ende Juni, wird es tatsächlich was. Das heißt, da bin ich laut Urlaubsliste mal wieder am „drannsten“. Vielleicht ist auch inzwischen der Friede ausgebrochen, was natürlich der bessere Teil wäre, oder meinst Du nicht auch, mein kleines Fraule. Von Mehlingen bekam ich dieser Tage auch Post, wobei sich Trudel bitter beschwerte, dass ich bei ihrer Verlobung Wiesbaden ganz versagt habe. Ich habe sie allerdings damit getröstet, dass im fünften Kriegsjahr nicht alles möglich wäre. Auch Addi schloss sich den Zeilen mit einem „Kampf heil!“ an. Ein anständiger Gruß wäre mir lieber gewesen. Denn Kampf habe ich hier grade genug!

Die Weihnachtsgeschenke in Biebrich waren wohl eine Überraschung für dich, mein Liebling, und Du hast mal wieder mit leeren Händen dagestanden, was aber weiter auch nicht schlimm war, es geht ja alles nachzuholen. Das Bild von mir muss recht ulkig aussehen. Ich wusste gar nicht, dass so etwas von mir noch existiert. Als „Muster“ wäre ich aber nicht mehr zeitgemäß!

So, dass Du Dir noch immer nicht im „Klaren“ bist, ist schade, mein Liebling. So hoffen wir halt weiter, nicht wahr, eines Tages wird es sich schon herausstellen. Für heute, mein Liebling, sei nun herzlich gegrüßt und innig geküsst von Deinem Bubilein.

5.1.1944

Meine liebe kleine Hedifrau!

Erhielt heute wieder zwei Päckchen mit Zeitungen, wofür ich Dir auch herzlichst danke. Du weißt gar nicht, mein Liebling, was das für eine Freude ist, wenn mal wieder so ein paar neue Nachrichten angerauscht kommen.

Mit unseren Hochzeitsbildern bin ich jetzt sehr gut einverstanden, mein Liebling, es ist doch eine wunderschöne Erinnerung, das merke ich erst jetzt in meiner trostlosen Einsamkeit hier oben. Wenn ich so die Bilder betrachte, die übrigens ganz wunderschön gelungen sind, so werde ich immer an unsere wirklich wunderbar glücklich verlebten Urlaubstage erinnert werden. Die schönsten Bilder sind aber das Brustbild und das, wo ich ohne Mütze drauf *bin, findest Du nicht auch! Hoffentlich bekommst Du Vergrößerungen davon, das wäre wirklich wunderschön. Wie Du schreibst, findet uns die Allgemeinheit ja ziemlich gut getroffen, ich finde das nämlich auch, oder meinst Du nicht, mein liebes Fraule?*

Hast Du eigentlich von der Kompanie hier einen Weihnachtsbrief erhalten? Wenn ja, schreibe doch bitte ein paar Dankesworte an den Chef. Er würde sich bestimmt freuen.

So langsam wird es auch hier wieder winterlich. Seit zwei Tagen liegt schon wieder mal Schnee, nicht hoch, so ungefähr 15 cm, aber es reicht für den Anfang. Es wird aber wohl noch mehr kommen. Die Tage werden auch schon wieder länger, es ist jetzt so ziemlich bis 15.30 Uhr Tag. Der Winter hat ja schon ziemlich bis zur Hälfte verspielt, die andere werden wir dann wohl auch schaffen, denn es muss doch Frühling werden, gell, mein kleines Lieb.

Wie geht es Dir sonst, mein Liebling, hoffentlich doch noch gut, was auch bei mir noch der Fall ist. Einmal wird es auch mal wieder Frühling werden, vielleicht bringt er uns auch noch den Frieden mit, das wäre ja mit das Herrlichste, was uns noch passieren könnte. Dann wäre doch wenigstens deine ewige Angst auf beiden Seiten nicht mehr da, ich meine da die Angst um Dich und mich, gell, mein Liebling. Für heute sei nun herzlichst gegrüßt und innigst geküsst von Deinem Bubilein.

Ihre Vermählung geben bekannt

Fritz Winkler

Oberjäger in einer Luftwaffen-Feldeinheit

Hedwig Winkler

geb. Kirch

Wiesbaden-Biebrich, den 6. November 1943

Von-der-Tann-Straße 6

7.1.1944

Meine liebe kleine Hedifrau!

Heute will ich Dir nun wieder den fälligen 2-tägigen Brief schreiben. Es ist mir schon so zur Gewohnheit geworden, dass mir direkt etwas fehlt, wenn ich mal nicht dazukomme. Dann stelle ich mir auch noch immer so deine Freude vor, wenn die Nachrichten regelmäßig von mir eintreffen, oder ist es nicht so, mein Liebling?

Gestern musste ich mit einem Kameraden etwas holen gehen, so ungefähr zwei Stunden von hier weg, ein übles Schneetreiben, es war wirklich bald zum Heulen. Aber das kann uns ja wenig erschüttern, gell, mein kleines Hedilein!

Ich mache übrigens jetzt ein paar Bilderrahmen aus Birkenholz, damit ich mit ein paar schön gerahmten Bildern meinen Bunker etwas ausschmücken kann. Mit welchen Bildern ich das machen werde, kannst Du Dir ja leicht vorstellen, gell, mein Liebling?

Wie geht es Dir sonst, hoffentlich doch noch gut, was auch bei mir noch der Fall ist. Tante Aenne hat sich doch bestimmt in der Zwischenzeit von ihrem kleinen Unfall erholt, ich nehme es als sicher an!

Hier gibt es weiter keine Neuigkeiten, die Front quält sich halt noch so dahin und die Bewohner dieser Front rechnen krampfhaft nach, wann sie mit Urlaub wieder an der Reihe sind (darunter gehöre ich selbstverständlich auch, da ich so schnell wie möglich mein kleines liebes Fraule wieder im Arm halten möchte).

Für heute sei nun herzlich gegrüßt und innigst geküsst von Deinem Dich liebenden Bubilein.

8.1.1944

Meine liebe kleine Hedifrau!

Mit sehr großer Freude erhielt ich heute deinen Brief Nr. 1, wofür ich Dir auch herzlichst danke. Mit der neuen Nr. verhielt es sich aber leider nicht so, wie Du wohl leider annimmst, mein Liebling, sondern meine Einheit hat diese neue Nummer zugeteilt bekommen, aber trotzdem wollen wir auch dies als gutes Omen für das neue Jahr werten und hoffen, dass es uns den heiß ersehnten Frieden bringen möge, gell, mein Liebling, denn Friedensaufgaben haben wir auch, wir beide, gerade noch genug! Das wäre die erste Aufgabe, und das ist die wichtigste, einmal so recht von Herzen glücklich sein, oder meinst Du nicht auch, mein liebes Fraule.

Aber dass bei Dir der Groschen so spät fällt, kann ich eigentlich nicht behaupten, mein Liebling. Diese Ansicht kann ich bestimmt nicht mit Dir teilen, also bessern Sie sich!

Ja, mein Liebling, gesundheitlich geht es mir noch ganz gut, hoffentlich ist es auch bei Dir der Fall. Das ist immer meine größte Sorge und eine große Beruhigung für mich, wenn ich weiß, dass es Dir gut geht! Mit dem Ungeziefer werde ich jetzt ganz gut fertig. Entweder haben sich die Läuse an mich gewöhnt oder ich an sie, aber ein schöner Wunschtraum bleibt es doch, einmal wieder ganz „zimmerrein" sein zu können!

Dass Du mir meinen Tintenwunsch erfüllen willst, freut mich ganz riesig, mein Liebling. Ich brauche sie nämlich beinahe nötig.

Mit deiner Silvesterfeier kann es auch nicht so toll gewesen sein, hier war sie mehr als traurig. Ich hoffe aber doch, dass wir nächstes Jahr zusammen feiern dürfen. Heb nur mal schön ein paar Getränke auf, denn feiern kann man ja auch im Urlaub ganz wunderschön, so abends ganz alleine, gell, mein kleines Hedilein!

Das Wetter ist heute herrlich hier, ganz blauer Himmel, Sonnenschein und eine schneeweiße Landschaft, aber lausig kalt. Für heute sei nun herzlich gegrüßt und innigst geküsst von Deinem Bubilein.

FELDPOST VON HEDWIG AN FRITZ, ZURÜCKGESCHICKT MIT DEM VERMERK „ZURÜCK AN ABSENDER. NÄHERE ANSCHRIFT ABWARTEN."

Wiesbaden, den 9.1.1944

Mein innigstgeliebtes Bubilein!

Heute am Sonntagabend, wo ich zum letzten Mal für diese Woche in Nachtdienst muss, will ich Dir, mein Liebling, wieder ein paar Zeilen schreiben. Gestern kam ich nicht mehr dazu, es war Samstag, da hab ich kurz die Wohnung mal durchgeputzt, noch eingekauft für Sonntag, ja und da war halt wieder ein halber Tag rum, auf 1 Std. musste ich dann noch schlafen, in der Zeit kam wieder so'n blöder Alarm, den ich noch nicht mal hörte, sondern erst aufwachte, als die Flak schon feste am Schießen war, wie ich dann durcheinander gewirbelt war, kannst Du Dir denken, es kam ja bald wieder Entwarnung, doch dann musste ich wieder in Dienst.

Auf meinen letzten Brief hin wollte ich Dir ja noch von Freitag erzählen, Du wirst lachen, die reinsten Tagebuchblätter erhältst Du von mir, gell, Bubilein, aber ich denke, vielleicht interessiert Dich dies auch ein wenig, denn was soll ich sonst schreiben, wo ich doch nur immer so zu Hause bin, doch da fühle ich mich am wohlsten, erst wenn Du wieder auf Urlaub kommst, dann gehe ich gerne mal spazieren oder in's Kino, nun ja, vielleicht können wir dies alles im nächsten Urlaub so recht von Herzen genießen, so ein klein wenig wollen wir uns schon freuen, gell, mein Schatz, das Schicksal wird uns doch hold sein?

Also am Freitag hatte auch Tante Aenne Ausgang, wir hatten weiter nichts vor, am Nachmittag waren wir bei Frau Winter, Du kennst sie auch, zum Kaffee eingeladen mit Onkel Helmcke, Margot und der Tante Hanna aus Hamburg, jedenfalls soll ich Dich von allen recht herzlich grüßen. Doch nun möchte ich mich mal für Deine Briefe bedanken, die ich erhielt, gestern dieser war noch vom 25.11. und heute vom 26.12., der erste Brief war ja ziemlich lange unterwegs, doch er hat mich doch noch erreicht und mit der Zeit weiß ich sehr gut, wie mein Bubilein nach dieser langen Reise wieder bei der neuen Einheit angelangt ist. Den Abschiedsschmerz hast Du nun auch wohl soweit wieder überwunden, denn in dem Brief vom 25.11. war dies noch alles so neu und das Herz tat so weh, doch ich bin nur froh, dass Du in Deinem Urlaub so glücklich gewesen bist, nebenbei bemerkt ich bin es auch gewesen.

Dass sich das Reisekisschen so prima bewährt hatte, freut mich, hoffentlich kannst Du es auch jetzt noch verwenden, oder haben es Dir die bösen Läuse schon weggetragen? Du wunderst Dich, wie ich damals die Worte in Dein Notizbuch schreiben konnte, ja Du hattest recht, es ist in einem unbewachten Augenblick geschehen, es war an dem Tag als Du wieder wegfuhrst und ich lief immer Gefahr, dass Du es vielleicht schon vor der Abreise sehen konntest, denn dies solltest Du doch nicht.

Nun möchte ich mal zu dem 2. Brief kommen, wie Du schreibst, hattest Du gerade an dem Tag die Zeitungen erhalten, hoffentlich sind inzwischen auch die andern Zeitungen angekommen, ich will sehen, dass ich jetzt 2x in der Woche welche abschicke, denn auch die Zeitschriften sind schon rar, wenn man nicht gerade da ist, wenn es welche gibt, dann hat man Pech gehabt, ich kaufe sie nämlich immer hier im Bahnhof.

Inzwischen sind ja nun alle Feiertage wieder vorübergegangen und soviel ich weiß von Dir, mein Liebling, ist die Front ja ziemlich ruhig gewesen, doch wie wird es jetzt sein, wenn Dich dieser Brief erreicht, mit Angst denke ich daran. Ja, mein Liebling, in Deinem Brief vom 20.12. meinst Du auch, wie wird das sein, wenn mal wieder Frieden auf der Welt ist, ich glaube, dass Du es Dir gar nicht so richtig vorstellen kannst, wieder daheim bleiben zu dürfen und hoffentlich bald in einer eignen Wohnung, ehrlich gesagt ich kann mich auch kaum reindenken, doch das eine weiß ich, dass dies der schönste Tag meines Lebens ist, wenn du, mein Liebling, heimkehren kannst und nie wieder so weit fährst in den Krieg und dann erzählen wir uns, wie schwer der Abschied immer war. Doch vorerst müssen wir warten, bis uns das Schicksal den Gefallen tut.

So langsam will ich für heute denn mal wieder schließen, heute lag ich fast den ganzen Tag zu Bett, hab mich ein bisschen erkältet, weißt Du, so trocken im Hals mit Husten verbunden, doch wie geht es, mein geliebtes Bubilein, ich hoffe doch, noch so einigermaßen gut, entschuldige bitte, wenn ich Dich jetzt erst frage, doch dies ist mir immer mein einziger Gedanke, wie wird es meinem Liebling gehen.

Nun will ich noch mein Abendessen herrichten und dann geht's halt leider in Dienst. Nun wünsche ich Dir alles Gute, bleibe gesund, es grüßt Dich herzlichst und küsst Dich in inniger Liebe

Deine kleine Hedifrau.

10.1.1944

Meine liebe kleine Hedifrau!

Heute kann man nun wirklich aus den tief verschneiten Bunkern vor Leningrad schreiben. Es liegt hier ungefähr ein Meter Schnee und behindert den ganzen Verkehr. Der Winter kam dieses Jahr spät, aber er kam, jetzt scheint er allerdings mit doppelter Wucht zu kommen. Das ist aber auch gut so, da sieht man wenigstens auch in den dunkelsten Nächten noch mehr als genug. Nur der Oststurm macht sich sehr unangenehm bemerkbar. Er schneidet wie ein Messer im Gesicht, nur schade, dass er die Bartstoppeln nicht wegweht, für dieses Geschäft braucht man nach wie vor eben noch Rasierklingen! Aber was so die alten Landser sind, können sich auch vor diesem Ausbruch der russischen Witterung schützen, unsere Bunkeröfen sind Tag und Nacht am Brennen und Wald gibt es genügend hier herum. Wenn der mal restlos verbrannt ist, ist bestimmt der Krieg zu Ende! Das ist überhaupt das sicherste Anzeichen dafür, wenn der Krieg einmal alle sein wird.

Sieh mal, mein kleiner Liebling, hier sehnt sich auch alles nach dem Frieden, genauso wie Ihr in der Heimat, aber wann er endlich mal alle sein wird, kann auch hier niemand sagen. Es wird allgemein angenommen, dass wohl das Jahr 1944 die Entscheidung bringen wird. Es wäre wirklich zu schön, gell, meine geliebte kleine Hedifrau.

Wie geht es Dir sonst noch, mein Liebling, ich hoffe doch noch gut und erwarte in den nächsten Tagen ein Lebenszeichen von dir, welches mir meine Vermutung bestätigen soll. Mir selbst geht es auch noch soweit gut, nur plagt mich die Sehnsucht nach meinem kleinen Fraule, was allerdings eine chronische Krankheit bei mir ist, oder findest Du nicht auch, mein Liebling?

Von Hans bekam ich auch heute einen Brief mit der Nachricht, dass er an Weihnachten zu Hause war, was ich ja schon wusste, dank der schnellen Information meiner kleinen Hedifrau!

Nun nähert sich unsere abendliche „Plauderstunde" wieder ihrem Ende, einfach wegen Platzmangel, was ich sehr bedaure, Du nicht auch, mein Liebling?

Für heute sei nun wieder herzlich gegrüßt und innig geküsst von Deinem Bubilein.

10.1.1944

Meine liebe kleine Hedifrau!

Erhielt heute deinen lieben Brief vom 28.12., wofür ich Dir auch allerherzlichst danke. Wie ich herausersehen kann, bekommst Du ziemlich regelmäßig die Post von mir, worüber ich mich sehr freue, da weiß doch mein Liebling wenigstens so einigermaßen immer das Neueste, was mit mir so los ist!

Dass Du abends immer so furchtbar müde bist, mein Liebling, kann ich sehr gut verstehen, die Arbeit wird ja wohl nicht geringer werden, zudem geht es mir genauso, im Notizbuch werde ich ja immer so schön an meine eigene Verschlafenheit erinnert „und zwischendrin habe ich viel geschlafen". Du erinnerst Dich doch an diese Zeilen, ja, mein Liebling? Im nächsten Urlaub wird dies aber nicht mehr der Fall sein, mein Liebling, da wirst Du vielleicht auch froh sein, wenn ich mal schlafe, ich habe mir nämlich jetzt vorgenommen, den Urlaub nicht mehr zu verschlafen. Ist Dir das recht so, mein klein' Fraule?

Mit dem Nummerieren der Briefe habe ich bereits schon am 1. Januar angefangen, mein süßes Fraule, wir hatten also alle beide mal wieder denselben Einfall, gell, Liebling? Ich finde auch, dass es so besser ist, da weiß man wenigstens, was noch unterwegs sein muss, gell, mein Liebling!

Mit der Weihnachtsbescherung von Stalin ist nicht viel los, hoffentlich ist es bald mal mit den ganzen Offensiven zu Ende, bei uns hier ist noch alles ziemlich ruhig, ab und zu mal ein Späh- oder Stoßtrupp, das ist der ganze Krieg bei uns, im Nachbarabschnitt geht es aber ganz anständig rund. Das Wetter hier ist auch schlecht, viel Schneesturm und Schneeverwehungen.

Ja, mein Liebling, wir sehnen uns hier auch nach Wärme, aber wir verstehen darunter Glücklichsein und Geborgenheit und das können uns ja nur die geliebten Herzen in der Heimat bieten. Mit den gemütlichen Stunden in der Heimat ist das auch so eine Sache, mein Liebling, Ihr sollt sie haben, denn dafür stehen wir auch hier und diese Stunden verdient Ihr Euch ja auch schwer genug. Trotzdem werden sie wohl selten sein und es ist am besten, wenn Du sie überhaupt ganz aufgibst, bis ich wieder auf Urlaub komme, gell, mein kleines Lieb. Dann wollen wir dann wieder fröhlich und lustig sein, wie sich das für ein junges Ehepaar auch gehört.

Für heute sei nun wieder herzlich gegrüßt und innigst geküsst von Deinem Bubilein.

HEDWIG AN FRITZ (ZURÜCKGEKOMMEN AM 5.2. MIT DEM VERMERK „NEUE ANSCHRIFT ABWARTEN")

Wiesbaden, den 11.1.1944

Mein innigstgeliebtes Bubilein!

Wie ich heute Mittag vom Frühdienst um 2.00 nach Hause kam, fand ich zwei liebe Briefe von Dir vor, worüber ich mich sehr gefreut habe und Dir somit recht herzlich danken möchte. Besonders über Deinen Brief vom 1.1. bin ich sehr glücklich, denn er hat mich so ganz zu Dir geführt und ich hatte so das Gefühl, wie wenn Du leibhaftig bei mir wärest, um mich mit Deiner so herzlichen Liebe zu umhüllen, mir war es, wie wenn Du mich in Deinen Armen hieltest, so innig umschlungen, weißt Du, wie wir es immer im Urlaub uns gönnen können.

Ja, Du hast recht, unsere große Liebe lässt uns manch schwere Trennungsstunde leichter ertragen, obwohl wir im Allgemeinen doch so sehr unter dem Getrenntsein leiden, und dabei ist es kein Wunder, wenn man schon von dem nächsten Urlaub träumt, der vielleicht erst in einem halben Jahr oder noch später zur Wirklichkeit wird. Dennoch wollen wir weiter warten und hoffen, dass einmal alles gut wird, wo Du nicht mehr auf einen 3-wöchentlichen Urlaub angewiesen bist, um mal wieder daheim sein zu können, sondern wo Du immer bei mir sein kannst. Wie man ja allerseits hört, wird der Krieg wohl endlich in diesem Jahr zu Ende gehen, es fragt sich aber nur wie, ehrlich gesagt mir ist es „heillos" Angst vor dem, was alles da kommen wird. Die Winterschlacht im Osten nimmt immer größere Formen an, hoffentlich herrscht in Deinem Abschnitt noch einigermaßen Ruhe.

Wie Du schreibst, geht es Dir soweit noch gut, worüber ich immer einigermaßen beruhigt bin, bei mir ist dies soweit auch noch der Fall, so auch bei Tante Aenne. Ihre Hand ist soweit wieder geheilt. Von den feindlichen Fliegern werden wir in den letzten Tagen auch so ziemlich in Ruhe gelassen, was sehr nett ist, hoffentlich stören sie uns nicht gerade diese Nacht, denn ich muss morgen früh um 5.00 aufstehen und da möchte ich meine Ruhe haben!

Also die Hochzeitsbilder gefallen Dir mein Liebling, worüber ich ja beruhigt bin, Du wunderst Dich, weil ich Dir alle 3 Bilder mitschickte, ja vor allen Dingen deswegen, damit Du Dir aussuchen kannst, worauf Du am besten geraten bist: Mich hast Du dann auch gleichzeitig in „3 Ausführungen", doch Du hast mir noch gar nicht gesagt, ob ich auch „so lieb" bin!! Jetzt wirst Du lachen, aber man muss ja auch mal ein bisschen Spaß machen, gell, mein Bubilein – Neuigkeiten gibt es weiter hier keine, soeben haben wir das reinste Frühlingswetter, ich bin nur mal gespannt, ob wir noch mal einen Winter bekommen, denn es fehlt immer etwas und man hat auch das Gefühl, dass in der Natur der elende Krieg sich bemerkbar macht. Wie Du schreibst, hat Dir Trudel auch mal geschrieben, ja, das tat mir selber leid, dass niemand von Wiesbaden bei der Verlobung zugegen sein konnte, dass Dir der kämpferische Gruß von Addi nicht gefallen hat, kann ich mir lebhaft vorstellen, doch er hat es wohl gar nicht so gemeint, wie Du es aufgefasst hast. Wenn nichts dazwischenkommt, werde ich wohl nächste Woche zwischen 15. und 22.1. auf 3 Tage nach Mehlingen auf's Schlachtfest fahren, schade, dass Du nicht dabei sein kannst. Wie die Feiertage bei mir verlaufen sind, hab ich Dir ja schon in den vorhergehenden Briefen mitgeteilt, ja die Weihnachtsgeschenke von Biebrich hatten mich überrascht, doch sie waren gegen die Abmachung, aber ich werde das Versäumte wohl im Laufe der nächsten Jahre hoffentlich noch nachholen können, aber Dein Bild musst Du Dir im nächsten Urlaub mal ansehen, Du kennst Dich bestimmt nicht wieder, ich hab Dich nämlich auch nicht gekannt.

Über die andere Sache hoffe ich doch endlich im Klaren zu sein, ich kann Dir sagen, so was ging mir mit der Zeit an die Nerven, ich meine da das Ungewisse, nun, ich werde es wohl schon mal richtig erleben.

Nun will ich für heute schließen, mein Liebling, so langsam fallen mir nämlich die Augen zu. Bis zum nächsten Brief wünsche ich Dir alles Gute, mein Liebling, es grüßt Dich herzlichst in inniger Liebe

Deine Hedi

Letzter erhaltener Brief von Fritz an Hedwig

12.1.1944

Meine liebe kleine Hedifrau!

Heute will ich Dir nun wieder einige Zeilen schreiben, damit Du Dich nicht gar so einsam und verlassen fühlst! Heute war ein schwerer Tag für mich, ich bin sehr müde, denn ich habe sehr viel Arbeit. Aber Du kennst ja auch das Sprichwort „Arbeit macht das Leben süß und Faulheit stärkt die Glieder"!

Wie geht es Dir sonst, mein Liebling, hoffentlich doch noch gut, was bei mir auch noch der Fall ist! Das Wetter ist jetzt so richtig winterlich geworden, viel Schnee und eine Affenkälte, das ist das richtige Wort dafür. Frieren tun wir nicht, dafür sorgt ja der russische Wald und unser kleiner Bunkerofen. Iwan wird staunen, wenn er wieder mal das Gebiet hier sehen wird, wir haben anständig „durchgeforstet" und zwar so gut, dass bald nichts mehr vom Wald zu sehen ist! Aber nach uns die Sintflut, wenn der Wald alle ist, werden die Russenvillen eben „gefeuert". Etwas ist immer da und so lange wird der Krieg ja auch nicht mehr dauern, dass es eines schönen Tages einmal heißen wird, „es ist nichts mehr da zum Brennen"! Das wäre dann natürlich die Höhe, oder meinst Du nicht auch, mein kleiner Liebling?

Mit Fliegeralarm seid Ihr zurzeit ja auch ziemlich verschont, wie man so hört, dafür sinkt aber in der weiteren Umgebung eine Stadt nach der andern in Schutt und Trümmer, es ist wirklich bald zum Heulen.

Für heute sei nun wieder herzlichst gegrüßt und innigst geküsst von Deinem Dich so sehr liebenden Bubilein.

8 12. 1. 44

Meine liebe kleine Hedifrau!

Heute will ich dir nun wieder einige Zeilen schreiben, damit du dich nicht gar so einsam und verlassen fühlst! Heute war ein schwerer Tag für mich, ich bin sehr müde denn ich hatte sehr viel Arbeit. Aber du kennst ja auch das Sprichwort, Arbeit macht das Leben süss und Faulheit stärkt die Glieder! Wie geht es dir sonst, mein Liebling, hoffentlich doch noch gut, was bei mir auch noch der Fall ist! Das Wetter ist jetzt so richtig winterlich geworden, viel Schnee und einen Affenkälte, das ist das richtige Wort dafür. Frieren tun wir nicht, dafür sorgt ja der russische Wald und unsere kleinen Bunkeröfen. Peter wird staunen, wenn er wieder mal

das Gebiet hier sehen wird, wir ha-
ben uns ständig „durchgefrastet", und
zwar so gut, dass bald nichts mehr
vom Wald zu sehen ist! Aber auch
uns die Sintflut, wenn der Wald
alle ist, werden die „Russenwäl-
der eben gesäubert, etwas ist im-
mer da, und so lange wird der
Krieg ja doch nicht mehr dauern,
dass es eines schönen Tages einmal
heissen wird: „Es ist nichts mehr
da zum brennen"! das meinen dann
natürlich die Höhe, aber meinst du
nicht auch, mein kleiner Liebling!
Mit Fliegeralarmen seid Ihr zur
Zeit ja doch ziemlich verschont, wie
man so hört, dafür sinkt aber
in der weiteren Umgebung eine
Stadt nach der anderen in Schutt
und Trümmer, es ist wirklich
bald zum Heulen. Für heute sei
nun wieder herzlichst gegrüsst und
innigst geküsst, von deinem, dich

so sehr liebenden
Püschilein

Luftfeldpost von Hedwig an Fritz, zurück an Absender am 5.2.44

Wiesbaden, den 17.1.1944

Mein innigstgeliebtes Bubilein!

Als ich gestern Abend von Biebrich nach Hause kam, fand ich 2 liebe Briefe von Dir vor vom 7. + 8.1., dafür meinen allerherzlichsten Dank. Doch heute früh kann ich Dir erst schreiben, mein Liebling, denn gestern Abend bin ich wieder darüber eingeschlafen und so zog ich vor, etwas früher heute aufzustehen, was mir durchaus nicht schwerfiel, denn ich wurde die ganze Nacht von einem ekelhaften Zahnweh geplagt, um Dir jetzt antworten zu können.

Gestern am Sonntag hatte ich Frühdienst (6.00), anschließend fuhr ich dann nach Biebrich, dort traf ich auch eine ziemlich kranke Familie an, Mutter lag mit einer Grippe zu Bett, Mauschen fieberte auch, außer Vater, der sich allein die Zeit vertrieb. Mit Mutter ist es soweit ja wieder besser, nur plagt sie noch der Husten. Heute Abend wird auch Hans auf Urlaub kommen (14 Tage), er ist aus dem Lazarett entlassen.

Wie geht nun Dir, mein Liebling? Mit banger Sorge sehe ich Deinen kommenden Nachrichten entgegen, denn in den letzten 2 Tagen gab das Radio bekannt, dass auch vor Leningrad die schweren Kämpfe begonnen haben, meine Gedanken und somit meine innigsten Wünsche sind Tag und Nacht bei Dir, mein Liebling, wenn Du nur gesund bleibst und wieder heil aus diesem schweren Ringen davonkommst.

Nun hat der Russe auf der ganzen Front angegriffen, wie wird das nun alles ausgehen, wenn es nur nicht mehr so schrecklich lange dauert. Es ist nun wieder die schlimmste Zeit für uns hier in der Heimat, weißt Du, das Ungewisse, doch wollen wir hoffen, dass auch das Schicksal uns weiterhin verschonen möge. Wie Du schreibst, hat auch die große Kälte bei Euch eingesetzt, diese Wit-

terung nutzt wahrscheinlich der Feind voll und ganz aus, nicht wahr, es passt halt immer alles zusammen. Hier in der Heimat gibt es weiter nichts Neues, wir sind, unberufen, in den letzten Tagen, ganz gut von Alarm verschont geblieben, es war nachts hier immer sehr neblig, mit unserm diesjährigen Winter ist es nicht weit her, noch nicht einmal ist richtig Schnee gefallen. Dein Vater wird wohl bald im Garten anfangen zu graben und Karotten säen. Doch dafür wird wieder ein ewiger nasser Sommer kommen, doch vorerst wollen wir uns darüber noch keine Gedanken machen, viel wichtiger ist für uns, wenn es endlich mal Frieden wird, gelt mein Bubilein, wenn wir nur nicht noch mal enttäuscht werden in diesem Jahr.

Hier hab ich heute früh unterbrochen, mein Liebling, weil die Uhr doch mal wieder schneller war als ich. Um 9.00 war ich zum Zahnarzt bestellt und anschließend ging es halt wie immer in Dienst, woselbst ich mich jetzt noch befinde bis heute Abend um ½ 10.

Nun möchte ich mal zu Deinen beiden Briefen kommen. Du hast ganz richtig geraten, indem Du meinst, dass ich mich über Deine regelmäßigen Briefe sehr freue, weißt du, es ist dies der Sonnenschein in meinem täglichen Leben und, mein Liebling, für diese Deine so lieben Briefe bin ich Dir unendlich dankbar und möchte Dich herzlichst um Entschuldigung bitten, wenn ich so manches Mal nicht so ganz regelmäßig antworten kann. Glaub mir, es geschieht nie aus Bequemlichkeit, leider nur, weil mir die Zeit dann nicht ausreicht, doch dann geht es mir wie Dir, dann fehlt mir den ganzen Tag etwas. Wie Du schreibst, musstest Du bei einem grässlichen Schneetreiben über Land, ich glaube gerne, dass dies zum Heulen war, doch wie wird es Dir jetzt ergehen, ich befürchte das Schlimmste, womöglich hast Du auch Deine häusliche Verschönerung, ich denke da an Deine Birkenholzrähmchen, auch schon im Stich lassen müssen, oder gar nicht fertigstellen können?

Aber, mein Bubilein, wenn Du nur immer noch so weit gesund bist und Dir weiter nichts passiert, einmal wird auch hoffentlich diese Zeit kommen, wo wir uns ein gemeinsames Häuslichsein schaffen können und wenn es noch so klein ist, so Gott will. Dass ich mit der neuen Feldpost-Nr. nicht das Richtige geraten hatte, habe ich inzwischen schon festgestellt, wenn sie sich weiter gut anlässt, wollen wir ja zufrieden sein, gell, Bubilein. Nun will ich für heute mal schließen, mir geht es so weit noch gut, was ich Dir immer von ganzem Herzen wünsche.

Bis zum nächsten Brief grüßt und küsst Dich herzlichst, Deine Dich so innig liebende Hedi.

Feldpost, zurückgeschickt mit dem Vermerk „Zurück an Absender. Neue Anschrift abwarten" am 5.2.44

Wiesbaden, den 18.1.1944

Mein innigstgeliebtes Bubilein!

Heute erhielt ich Deinen lieben Brief vom 10.1., wofür meinen herzlichsten Dank. Dass ich mich sehr darüber gefreut hab, weißt Du ja auch, gell, mein Liebling.

Wenn nur in den nächsten Tagen infolge der schweren Kämpfe vor Leningrad keine Stockung in unserer brieflichen Verbindung eintritt, ich befürchte es nämlich sehr. Wie wird es Dir gehen, mein Liebling, hoffentlich bist Du nicht gerade mitten in den Kämpfen drin, nur der Gedanke daran lässt mir schon Tag und Nacht keine Ruhe. Möge Dich der Himmel weiterhin vor schweren Stunden bewahren und Dir weiterhin eine gute Gesundheit schenken. Wie Du heute schreibst, ist doch noch der Winter bei Euch in Russland eingezogen, was durchaus nicht erfreulich ist, wie schwer muss es sein, in solch wuchtigen Schneemassen gegen einen tierischen Feind zu kämpfen und sein Leben einzusetzen. Wir hier in der Heimat wissen gar nicht, wie gut wir es haben, wenn man so beim Nachrichtendienst in banger Sorge die neuen Meldungen anhört.

Wenn nur einmal dieser Krieg ein Ende hätte, ja, man nimmt allgemein an, dass in diesem Jahr die Entscheidung fällt, vielmehr fallen muss, denn auf die Dauer ist dieses ewige Frontleben vor allen Dingen für Euch Soldaten, die Ihr schon Jahre kein Heim mehr kennt, so wie auch für uns in der Heimat, die immer in Angst leben, nicht mehr zuzumuten und zu halten. Doch wollen wir den Mut und die Hoffnung auf ein gutes Ende, was schon nur allein uns beide anbelangt, nicht verlieren, wenn du, mein Bubilein, nur überall gut durchkommst.

Ob Du wohl noch in einem Bunker wohnen kannst oder Euch die Feinde schon Eure Wohnungen zerstört haben, Du erzählst mir gerade heute, dass Ihr immer Eure Bunkeröfen gut schüren könnt, was hoffentlich nun wegen Zeitmangel nicht ausfallen muss. Eine Frage, die mich besonders in meinem Gedankenkreis beschäftigt, wie ist jetzt Deine Winterbekleidung, hoffentlich bist Du darin einigermaßen versorgt, bitte schreib mir doch, wenn Dir noch irgendetwas fehlt, vielleicht ein Schal, oder was Du sonst nicht bekommen kannst. – Hier gibt es weiter nichts Neues, mein Liebling, das Wetter ist immer noch nicht winterlich hier, ekelhaftes Regenwetter.

Heute kam auch ein Schreiben vom Flugplatzkommando Fürth an mich, ich muss umgehend zwecks Überprüfung der Besoldung eine Bestätigung wegen meiner Wohnung vom Bürgermeister einschicken, eine neue Wohnung haben wir ja nun noch nicht, was wohl an der Besoldung abgehen wird.

Soweit geht es uns auch noch gut hier, besonders bin ich jetzt endgültig beruhigt in punkto „Geheimsache privat". Du verstehst doch, gell, mein Liebling. Darüber wollen wir uns, so Gott will, im nächsten Urlaub eingehend unterhalten, ich befürchte nur, dass schwerer Kämpfe wegen Urlaubssperre eingetreten ist?

Dieser Tage erhielt ich auch einen Brief von Anneliese aus Ihrem neuen Heim, weißt Du, das Landhäuschen von dem ich Dir erzählte, sie schreibt, es wäre ganz herrlich, um uns eine kleine Hochzeitsfreude zu bereiten, hat sie uns für den nächsten Urlaub eingeladen, ja, wenn es Frieden wäre, doch vorerst muss man die

Dinge an sich rankommen lassen. Nächste Woche will ich nun auf 3 Tage nach Mehlingen fahren, hoffentlich hab ich bis dahin noch gute Nachricht von Dir, mein Liebling, sonst kann ich vor Heimweh und Angst um Dich nichts unternehmen, mir geht es halt wie Dir, die große Sehnsucht ist bei uns beiden zu einer chronischen Krankheit geworden.

Von Addi erhielt ich heute auch einen Brief mit 2 Paketmarken für Dich, er wusste gerade, was mir fehlte. Nun will ich für heute mal schließen in der Hoffnung, dass Du noch gesund bist. Bis zum nächsten Brief grüßt und küsst Dich herzlichst in inniger Liebe, Deine Hedi.

HEDWIG AN DIE KOMPANIE. FELDPOST, ZURÜCKGESCHICKT MIT DEM VERMERK: „AN ABSENDER ZURÜCK! NEUE ANSCHRIFT ABWARTEN" AM 5.2.44

Wiesbaden, den 18.1.1944

Sehr geehrter Herr Oberleutnant Unger!

Nehmen Sie, so auch Ihre Kompanie, bitte nachträglich für die mir übersandten, herzlichen Weihnachtsgrüße, meinen verbindlichsten Dank entgegen. Es war mir eine besondere Freude, von den tapferen Männern und Kameraden meines Mannes einen Weihnachtsgruß empfangen zu dürfen, aus Feindesland.

Auf diesem Wege, möchte ich Ihnen, so wie der ganzen Kompanie, ebenfalls ein gesundes und erfolgreiches neues Jahr wünschen, verbunden mit den besten Wünschen für eine siegreiche und glückliche Rückkehr in die Heimat, in der Hoffnung, dass uns das Jahr 44 den so sehr ersehnten Frieden bringen möge.

Besonders in den jetzigen Tagen der so schweren und entsagungsvollen Kämpfe in der Eiswüste des Osten, weilen unsere

Gedanken hier in der Heimat, mehr denn je, mit inniger Fürbitte bei Euch, unsern tapferen Soldaten. Doch im festen Vertrauen auf ein gutes Soldatenglück, mögen Sie, so auch Ihre Kompanie, die Ihr besonderes Wohlwollen genießen darf, dank Ihrer umsichtigen Führung, wohlbewahrt und heil aus diesem furchtbaren Kampfgeschehen hervorgehen!

Mit deutschem Gruß und vielen Heimatgrüßen, Ihnen und der Kompanie!

Hedwig Winkler

FELDPOST, ZURÜCKGESCHICKT MIT DEM VERMERK „ZURÜCK AN ABSENDER. NEUE ANSCHRIFT ABWARTEN“ AM 8.2.44

Wiesbaden, den 20.1.1944

Mein innigstgeliebtes Bubilein!

Für Deinen lieben Brief, den ich gestern erhielt, meinen herzlichsten Dank. Gestern reichte mir die Zeit nicht mehr aus, um zu antworten, und so will ich heute das nachholen. Dein Brief vom 11.1. berichtet noch nichts von den schweren Kämpfen, die nun in Deinem Abschnitt sind, im Gegenteil, Du schreibst noch, dass die Front sehr ruhig sei, was sich ja leider nun alles sehr geändert hat. Meine Gedanken sind unausgesetzt bei Dir, mit der innigen Fürbitte, dass Du gesund bleibst und die großen Gefahren überstehen oder besser gesagt, bestehen kannst. Der Nachrichtendienst meldet immer noch von sehr harten Kämpfen vor Leningrad und mit großer Besorgnis erwarte ich nun Deine nächste Nachricht. Lege Dir heute 2 von Deinen Luft-Marken bei, vielleicht ist es gut für Deinen nächsten Antwortbrief.

Nun will ich mal zu Deinem Brief kommen, ja Deine Post hab ich bis jetzt immer schön regelmäßig erhalten und das ist wirklich ein

Anlass zu beiderseitigen Freuden, gell, mein Bubilein, besonders für mich ist das ein großes Geschenk. Du hast auch den Satz, den ich im Urlaub in Dein Notizbuch hineinschmuggelte, von wegen dem Schlafen, noch mal zur Erinnerung gebracht, na, mein Liebling, wie nötig wirst Du diesen Schlaf jetzt manchmal gebrauchen können und da kann man nur sagen und wünschen, in Deinem nächsten Urlaub den so viel versäumten Schlaf nachholen zu können. Vielleicht hattest Du den Satz im Notizbuch etwas härter aufgefasst, als ich es gemeint habe, mein Liebling, denn in welchem Sinne ich es Dir reingeschrieben habe, möchte ich Dir im nächsten Urlaub mündlich erzählen, nur jetzt möchte ich Dir noch sagen, dass ich Dich ganz furchtbar lieb hab und die Bitte mein tägliches Gebet ist, dass wir uns recht bald wiedersehen dürfen. Doch leider ist die Wirklichkeit grausam, denn es wird noch eine ganze Weile dauern, bis das ersehnte Wiedersehen wieder stattfinden kann, gerne wollen wir auch diese Trennungszeit überstehen, wenn Du, mein Bubilein, nur gesund bleiben kannst, um wieder wohlbehalten in die Heimat zurückzukehren.

Wie wird es Dir wohl jetzt gehen mitten in den schweren Kämpfen und in dieser furchtbaren russischen Kälte, habe heute mal wieder Nachtdienst, da muss ich ganz besonders viel an Dich denken. Hier in der Heimat hat sich weiter noch nichts verändert, wir haben schon lange keinen Alarm mehr gehabt.

Unser Winterwetter ist immer noch nicht eingetroffen, der Himmel ist immer grau und nebelverhangen oder es regnet. Uns geht es hier auch soweit noch gut, unsere Arbeit ist z. Zt. zu ertragen, im Geschäft geht es auch nicht mehr so „hoch" her, in diesem Jahr wird sich der Krieg ganz besonders in den Gaststätten bemerkbar machen wegen der großen Kartoffelknappheit, hoffentlich habt Ihr Soldaten genügend zu Eurer Verpflegung? Bist Du auch mit in vorderster Linie, oder in der Feldküche? Ja, mein Liebling, wann werden diese Gedankengänge endlich mal zur Ruhe kommen, ich meine, wann wird dieser Krieg einmal zu Ende sein, leider weiß dies niemand. Doch muss man immer hoffen, denn wie sehr Ihr

Männer von der Ostfront Euch nach Ruhe und Frieden sehnt und nach lang entbehrtem Glücklichsein, kann man wohl kaum ermessen, jedenfalls ich für meinen Teil kann mich nicht wohlfühlen, mir durch Müßigkeit Zerstreuung zu suchen, gewiss man muss mal ausruhen, aber so recht von Herzen gemütlich verlebte Stunden, die kann ich nur gemeinsam mit Dir verbringen, das weißt Du doch, gell, mein Liebling, und darauf freue ich mich von einem Tag auf den andern, bis wir uns endlich wieder in den Armen liegen dürfen.

So will ich denn für heute mal wieder schließen, mit allen denkbar guten Wünschen für Dich, mein Liebling. Am Sonntag fahre ich auf 2 Tage nach Mehlingen auf's Schlachtfest, wenn Du nur dabei sein könntest, bis Dich der Brief erreicht, bin ich längst wieder zurück.

Für heute sei mir herzlichst gegrüßt und geküsst, in inniger Liebe, von Deiner Hedi.

Feldpost, zurückgeschickt mit dem Vermerk „Zurück an Absender. Neue Anschrift abwarten" am 5.2.44

Wiesbaden, 22.1.1944

Mein innigstgeliebtes Bubilein!

Heute erhielt ich Deinen lieben Brief vom 12.1., wofür meinen herzlichsten Dank. Du schreibst darin noch nichts von den schweren Kämpfen, die seit den letzten Tagen sind, darum muss ich denken, wie, und wo wird Dich mein Brief erreichen, wirst Du noch gesund sein, wirst Du auch in den schweren Kämpfen drin sein, das sind die wichtigsten und bangsten Fragen, die mich Tag und Nacht bewegen. Meine innigsten Wünsche sind immer bei Dir mein Lieb-

ling, ich denke immer, das Schicksal kann nicht so grausam sein und unser so sehr erkämpftes bisschen Glück zertrümmern, es wäre furchtbar und für mich wohl kaum zu überleben.

Du schreibst so schön, dass Ihr so gut Eure Bunkeröfen heizen könnt, ja, da wird es schon gut, wenn der Holzbestand bald verfeuert ist, vielleicht ist da der Krieg bald aus, aber leider gibt es keine Märchen, gell, mein Liebling, es muss alles bitter erkämpft werden, noch mehr, Euer tapferes Leben müsst Ihr armen Männer einsetzen.

Entschuldige, mein Liebling, wenn Dich heute nur ein kleines Briefchen von mir erreicht, doch heute Vormittag kam ich mit dem besten Willen nicht mehr zum Schreiben, weißt Du, es ist eben die traurige Zeit, dass, wenn man was anziehen will, immer erst flicken muss, vor allen Dingen Strümpfe, und das kann so viel kostbare Zeit rauben, wie wird es Dir in der Beziehung gehen, mein Liebling?

Morgen Nachmittag werde ich nun auf 2 Tage nach Mehlingen fahren, mir tut schon leid, dass ich in M. keine Post von Dir erhalten werde, doch ich will hoffen, dass, wenn ich zurückkomme, wieder gute Nachricht von Dir da ist, mein Liebling.

Hier gibt es weiter keine Neuigkeiten, ich bin erstaunt, dass Du so gut über unsere Alarme unterrichtet bist, ja die ganze Zeit her hatten wir Ruhe, doch mein Liebling, mach Dir bitte keine Sorgen um uns hier in der Heimat, wir kommen schon gut durch. Wenn nur mal diese Winteroffensive im Osten vorbei wäre.

Nun will ich für heute schließen, die Zeilen hab ich im Geschäft geschrieben, morgen werde ich Dir von M. aus wieder schreiben. Habe bis heute Abend ½ 10.00 Dienst und morgen früh um 6.00 wieder.

Wünsche Dir für heute, mein Liebling, alles erdenkbar Gute, bleibe gesund. So grüßt Dich herzlich und küsst Dich innigst Deine Dich so sehr liebende Hedifrau.

Feldpost-Nr. 39271, zurückgeschickt mit dem Vermerk „Nicht zustellbar. Neue Anschrift abwarten."

Wiesbaden, den 23.1.1944

Mein innigstgeliebtes Bubilein!

Vor einer Stunde bin ich hier in Mehlingen gelandet und möchte Dir, mein Liebling, gleich einen Gruß von hier senden. Soweit bin ich ganz gut hier angekommen, die Bahnfahrt war erträglich, nur auf dem Weg von Enkenbach nach hier bin ich in einen gehörigen Schnee- und Regensturm hineingekommen, von dem ich mich soweit wieder erholt habe, doch was ist dies alles gegen dieses Furchtbare, das Du, mein Bubilein, jetzt zu ertragen und zu bewältigen hast, nichts, wir können uns halt gar keine Vorstellung machen, was Ihr armen Männer da draußen an der Front erlebt. Wir können nur immer mit unsern Gedanken bei Euch sein, als ein guter Geist über Euch wachen, um, so Gott will, immer beschützen zu können.

Ja, mein Liebling, so sehr ich mich freue, mal wieder hier bei meinen Lieben zu sein, so froh bin ich, am Mittwoch wieder zurück nach Wiesbaden fahren zu können, um zu sehen, ob von Dir, mein Liebling, wieder eine gute Nachricht eingetroffen ist.

Hier in Mehlingen geht es soweit noch gut und ist auch noch alles beim Alten. Das „Schlachtfest" steigt nun erst am Dienstag, ich dachte schon, der fettige Tag wäre vorbei, denn aus eigner Erfahrung weißt Du ja auch, welch „angenehme" Arbeit damit verbunden ist. Die beiden Hunde haben mich erst auch ziemlich laut begrüßt, doch jetzt sind sie doch schon wieder gut Freund mit mir. Soeben hörten wir im Nachrichtendienst, dass im Nordabschnitt wieder schwere Kämpfe ausgebrochen sind, ja, das lässt mich halt immer wieder in sehr großer Angst den kommenden Tagen entgegen schauen. Wie lange wird diese schwere Zeit noch dauern; hoffentlich bist Du noch einigermaßen gesund?

Hier in Mehlingen wurde ich auch in ganz liebevoller Weise an Dich erinnert, nämlich durch unsere Blumen, mein Liebling, sie sind alle schön angewachsen, besonders die Blätterstöckchen, die blühenden, sind soweit ja leider alle abgeblüht, doch es ist eine liebe Erinnerung an die glücklich verlebten Stunden im Urlaub, vor allen Dingen an unsere Hochzeit. Ja, schön wäre es, wenn ich nun die Blumen in unserm eignen Heim pflegen könnte, aber bis dahin werden sie leider nicht mehr da sein, na, da gibt es wieder andere schöne Dinge, gell, mein Bubilein, vor allen Dingen ist z. Zt. sehr wichtig, dass Du weiterhin gesund bleibst, um bald wieder in die Heimat kommen zu können.

Entschuldige, mein Bubilein, den heute etwas „verschriebenen" Brief, aber ich bin ein bisschen durchgedreht, weißt Du, die Augen brennen so verdächtig nach Schlaf. Doch ich muss immer denken, wie und wo wird mein Bubilein schlafen können, es ist ja alles so maßlos traurig.

Es ist jetzt am Abend 9.00, Vater ist schwer am Schimpfen, soeben hat er telefoniert, dass er die Landwacht alarmieren muss, weil wieder so ein paar lumpige … naja, Du weißt ja, abgehauen sind. Doch allem Übel zum Trotz wollen wir uns, Du und ich mein Liebling, an den Spruch halten, den Lissi hier als Wandschmuck angebracht hat: Es wird alles wieder gut!

So will ich denn für heute schließen, all meine besten Wünsche begleiten Dich stets, nimm meine herzlichsten Grüße und innigsten Küsse von Deiner Dich immer liebenden Hedi

Feldpost, zurückgeschickt mit dem Vermerk „Zurück. Nähere Anschrift abwarten."

Wiesbaden, 27.1.1944

Mein innigstgeliebtes Bubilein!

Als ich gestern Abend um 7.00 von Mehlingen zurückkam, fand ich Deinen lieben Brief vor, der auch gestern ankam, wofür meinen allerherzlichsten Dank. Leider konnte ich Dir gestern Abend nicht gleich antworten, weil ich in Nachtdienst musste, so ist es heute mal wieder Abend darüber geworden.

Ich bin einigermaßen beruhigt, mein Liebling, indem Du noch so gut schreibst, doch inzwischen sind 14 Tage wieder vergangen und so wie der Nachrichtendienst meldet, stehen unsere Truppen weiterhin in schweren Abwehrkämpfen zwischen Leningrad und Ihnensee, gegen einen zahlenmäßig überlegenen Feind, da wird so manches eingetroffen sein, was auch Du nicht erhofft hast, gell, mein Bubilein. Wie wird es Dir wohl jetzt ergehen, hoffentlich bist Du noch einigermaßen gesund. Ich bin jedenfalls auch mal sehr gespannt, wie diese Offensive an der Nordfront zu Ende geht, doch wir müssen es abwarten, nur das Eine weiß man, dass es sehr viele Menschenleben kosten wird.

Ja, mein Liebling, es ist mir immer, besonders in den jetzt so bewegten Tagen, ein Geschenk des Himmels, wenn ich eine Nachricht von Dir erhalte, und ich weiß, mein Liebling, dass Du auch in jeder freien Minute schreiben wirst, doch werde ich mich für die nächsten Tage auf allerlei Verzögerung der schwierigen Transportverhältnisse wegen gefasst machen müssen. Darum ist mir jeder Brief, der von Dir eintrifft, ein Heiligtum, ich kann ihn unzählige Mal lesen und ganz in Gedanken mir Dich so lebhaft vorstellen, wie wenn Du mir dies alles in Wirklichkeit erzählen würdest, doch wann wird das mal wieder sein?

Dass der Inhalt der Päckchen in so gutem Zustand bei Dir eingetroffen ist, freut mich und soll gleichfalls ein Ansporn sein, dass ich Dir recht viele schicke, am Sonntag werde ich das fertigmachen, denn jetzt in den schweren Tagen wirst Du oft solche Kleinigkeiten gebrauchen können und hast nichts.

Du fragtest mich, ob ich mich noch erinnern könnte, dass es einmal so teilnahmsvolle Leute im Bahnhof gab, die glaubten, mich vor Dir warnen zu müssen, nun, jetzt haben sie es ja erlebt, ich könnte mich durch solche Schwätzerei auch von nichts abbringen lassen, wenn ich mir etwas vorgenommen habe, dann wird es durchgeführt und so wollen wir auch weiterhin unsern gemeinsamen Lebensweg gehen, wir werden schon unser Ziel erreichen, darüber bin ich sicher. Wenn nur erst mal dieser miserable Krieg zu Ende wäre und Du wieder glücklich zu Hause sein könntest! Es wird noch manchen schweren Tag geben, doch immer Kopf hoch, das Schicksal kann uns einfach nicht so hart gesinnt sein, und in diesem Glauben will in dem Kommenden entgegensehen.

Hier musste ich am Abend kurz unterbrechen, um jetzt in der Nacht weiterzuschreiben, weil ich halt mal wieder in Dienst musste. Inzwischen hatten wir auch schon Fliegeralarm, doch unsere Gegend war Gott sei Dank verschont, massenhaft sind die Biester über uns weggeflogen, wohin, weiß man noch nicht.

Sonst gibt es nichts von Bedeutung zu berichten, das Neueste bringt Ihr Kämpfer uns von der Front, doch wären wir froh, wenn es da auch nicht so viele Neuigkeiten gäbe.

Heute am Tag werde ich nach Biebrich gehen, sonst ist Hans wohl wieder abgereist, denn wer weiß, wo er nun auch wieder hinein konnte.

Mir geht es soweit noch gut, gesundheitlich besonders, nur eben die bewussten Schmerzen, weißt Du, an denen wir beide leiden, das große sehnsüchtige Heimweh, doch einmal wird auch die Stunde eines Wiedersehns, so Gott will, wieder kommen.

Gestern hab ich auch die Bestätigung meines Wohnungsnachweises abgeschickt, Tante Aenne hat das Ding so gedreht und wir werden die Trennungszulage bekommen, warum auch nicht, mein Liebling. Nun will ich für heute schließen, in 2 Std. ist mein Nachtdienst auch wieder rum, für heute es ist jetzt 4.00 früh.

Weiterhin wünsche ich Dir das Allerbeste, mein Liebling, bleibe gesund, so grüßt und küsst Dich herzlichst Deine Dich immer liebende Hedifrau

FELDPOST-NR. 39271, ZURÜCK MIT DEM VERMERK „NÄHERE ANSCHRIFT ABWARTEN."

Wiesbaden, den 30.1.1944

Mein innigstgeliebtes Bubilein!

Heute möchte ich wieder ein bisschen mit Dir plaudern und eine Stunde in Gedanken mit Dir verbringen. Allerdings ist dies jetzt keine Dämmerstunde, wie man sie zu diesem Zwecke gern hat, es ist Sonntag früh 5.00 im Nachtdienst, aber immerhin für mich ist es eine gute Stunde. Der Dienst ist gleich zu Ende und jetzt hat das Geschäft etwas nachgelassen, denn wir hatten diese Nacht besonders allerhand zu tun, doch leider nicht aus besonderem Grund. Gestern machten die Amerikaner mal wieder einen Tagesangriff auf unsere Gegend, der besonders Frankfurt galt, es soll bös dort aussehen, wahrscheinlich lässt dieses Gesindel in unserm schönen Deutschland keine von den größten Städten mehr ganz. Leider gab es über Wiesbaden, so wie festgestellt, einige Notwürfe in's Hotelviertel, weißt Du, ein ehemaliges Tätigungsfeld, wir, Kölnischer Hof und mehr wurden getroffen, auch liegen in der Gegend einige Blindgänger, doch im ganzen Großen ist es mal wieder gutgegangen, was wir auch weiterhin hoffen.

Doch wie geht es Dir, mein Liebling, hoffentlich bist Du noch gesund, mit Angst und Grauen vernehmen wir jeden Tag hier die Nachrichten von der zunehmenden Stärke der schweren und harten Kämpfe vor Leningrad. Es ist zum Verzweifeln, wenn man bedenkt, was Ihr armen Menschen alles durchmachen müsst und so viele ihr kostbares Leben einsetzen müssen.

Hier geht sonst alles noch seinen alten Gang, der Winter ist bis jetzt hier noch nicht eingetroffen, wir hatten dieser Tage sogar schon eine ungewöhnliche Wärme, in Russland wird das leider ganz anders sein. Hoffentlich bekomme ich bald wieder eine gute Nachricht von Dir, mein Liebling, ich weiß, wie schwierig die Transportverhältnisse gerade für die Post sind, denn erst muss ja doch die Munition rollen.

Am Freitag bin ich auch in Biebrich gewesen, es geht da noch gut, Besuch aus Düsseldorf war auch da, doch Du wirst das schon von zu Hause gehört haben. Schade, dass halt Du und Hans gar nicht mal zusammen in Urlaub habt kommen können, doch hoffen wir, dass dies auch dies einmal der Fall sein wird. Dass inzwischen noch eine Hochzeit in der Verwandtschaft geschlossen wurde, hast Du sicher auch schon erfahren, „Fränzchen" Gruber, und ich muss sagen, alle Achtung, die beiden haben es richtig angefangen, die junge Frau hab ich noch nicht kennengelernt.

Du hast ganz recht, mein Liebling, unserm gemeinsamen Wunsch entsprechend haben wir noch Zeit, und für die jetzigen schweren Zeiten erst recht. Nun will ich für heute schließen, ich wünsche Dir das schönste Soldatenglück und alles Gute, so sei denn herzlichst gegrüßt und geküsst in inniger Liebe von Deiner Hedi

Feldpost, zurückgeschickt mit dem Vermerk „Nähere Anschrift abwarten.“

Wiesbaden, den 31.1.1944

Mein innigstgeliebtes Bubilein!

Heute Abend nach einem „postfreien“ Tag will ich Dir wieder viele liebe Grüße aus der Heimat senden. Hoffentlich erreichen Dich meine Zeilen noch bei einigermaßen guter Gesundheit, ja, wenn ich nur manchmal so wüsste, wie es Dir geht und wo Du Dich befindest, doch leider ist das nicht möglich, hoffe ich doch, dass bald wieder ein Lebenszeichen von Dir, mein Liebling, eintrifft. Das Einzige, was man so ungefähr von Euch da draußen an der Front weiß, ist, was der Nachrichtendienst bringt und das ist durchaus nicht hoffnungsvoll, sondern lässt einem schweren Herzens den kommenden Tagen entgegenschauen.

Ach Bubilein, wenn Du weiterhin gut durchkommst, was hoffentlich bis jetzt immer noch der Fall bei Dir war und ist. Es gibt halt nichts Fürchterlicheres wie die Ungewissheit, doch muss ich sagen, ich bin innerlich sehr ruhig, weil ich so das bestimmte Gefühl habe, dass Du noch wohlauf bist. Doch was für schwere Tage und Stunden werden an Dich herantreten und wollen und müssen überwunden sein. Wolle Gott, dass Du weiterhin stark und widerstandsfähig bleiben kannst, bis auch diese schweren Zeiten überwunden sind. Meine heißen Wünschen begleiten Dich zu jeder Stunde und meine Gedanken gehen jeden Tag auf eine große Reise zu Dir, mein Liebling, hast Du es gefühlt?

Von hier kann ich Dir weiter keine Neuigkeiten berichten, es ist soweit noch alles beim Alten, auch vor Alarmen hatten wir gestern Ruhe, was wir auch für heute erhoffen.

Heute Morgen um ½ 10.00 bin ich für die vergangene Woche aus dem letzten Nachtdienst gekommen, was immer sehr erleichternd für mich ist, denn für den Winter ist dies die schlimmste Zeit für mich, doch was ist das schon gegen das, was Ihr armen Menschen an der Front zu ertragen habt, das werde ich mir immer vor Augen halten. Morgen geht es nun wieder in Frühdienst und so reiht sich eine Woche an die andere, die Zeit geht schnell dahin und doch wieder langsam, denn, wann wird endlich dieser furchtbare Krieg ein Ende haben?

Das Wetter mutet hier manchmal schon recht frühlingshaft an, z. Zt. haben wir zunehmenden Mond, wie ich in den letzten Tagen um 9.00 abends in Dienst ging und den Mond am Himmel dahinwandern sah, dachte ich, wenn ich nur das für einen Augenblick sehen könnte, was der Mond immer sehen kann, dann hätte ich ganz bestimmt auch Dich erblickt, mein Liebling, denn Du wirst auch, wenn Du kannst, recht sehnsuchtsvoll an den Himmel blicken und denken, der Mond wandert auch über die Heimat. Ich will jetzt keine Zukunftsträume schmieden, doch das Eine weiß ich, mein Liebling, dass gerade solche besinnlichen Abendstunden, vielleicht auf einem sommerlichen Spaziergang, zu unsern glücklichsten Stunden im spätern Leben zählen und wir werden die schweren Stunden, die uns durch diesen furchtbaren Krieg widerfuhren, zu vergessen suchen. Doch vorläufig stehen wir noch in der rauhen Wirklichkeit und wollen es nicht vergessen, in unserm täglichen Gebet die Bitte einzuschließen, dass eine höhere Fügung uns unser junges Glück nicht zerstören möge, dass uns vergönnt ist, das versäumte Glücklichsein nachholen zu können, gell, mein geliebtes Bubilein. So will ich für heute es wieder genug sein lassen, mit allen guten Wünschen für Dich, mein Liebling, in der Hoffnung, dass Du noch einigermaßen gesund bist.

So grüßt Dich herzlichst und küsst Dich innigstlich, Deine Dich immer liebende Hedifrau.

Feldpost (mit Bleistift geschrieben), zurückgeschickt mit dem Vermerk „Nähere Anschrift abwarten."

Wiesbaden, den 3.2.1944

Mein geliebtes Bubilein!

Verzeih mir bitte, diesen so primitiv geschriebenen Brief, aber ich sitze z. Zt. beim Zahnarzt und es ist so voll hier, dass es wahrscheinlich noch eine gute Stunde dauert, bis ich an die Reihe komme, so will ich die Zeit ausnützen und Dir, mein Liebling, einige Zeilen schreiben. Denn meine Gedanken sind doch nur bei Dir, leider hab ich bis jetzt noch keine Nachricht von Dir erhalten, hoffentlich dauert es nicht mehr allzu sehr lange, denn das Herz fängt an zu rebellieren, doch die Vernunft muss weiterhin die Oberhand haben, sonst könnte ich den ganzen Tag nur mit hängendem Kopf rumlaufen, so will ich doch weiterhin einigermaßen frohgemut der Zukunft entgegensehen und hoffen, dass auch weiterhin alles gut wird, gell, mein Liebling.

Wie es Dir wohl gehen mag, wenn ich das nur einmal wüsste, nur der Gedanke daran kann mich ruhelos mein Tagewerk vollenden lassen. Nicht nur bei Tag allein sind meine Wünsche bei Dir, so auch nachts. Vergangene Nacht träumte mir von Dir, Du bist hier gewesen, ich saß mit einer Näharbeit am Tisch und Du hast so neben mir gesessen und hast so schön mit mir erzählt, was, weiß ich jetzt nicht mehr, nur hab ich noch so in Erinnerung, wie wenn Du einen verletzten Arm gehabt hättest, ja so hat man seine Gedankengänge besonders in Träumen, doch schön wäre es in Wirklichkeit.

Wie heute der O.K.Z.-Bericht lautete, geht es an der Nordfront nun auch immer mehr Richtung Heimat, aber unter sehr schweren Kämpfen, hoffentlich hat sich der Russe auch bald mal ausgekämpft, ich meine, dass diese Massen auch endlich mal aufhören müssten. Hier ist es weiter nichts Neues von Bedeutung, vor Fliegeralarm haben wir auch seit einigen Tagen Ruhe, doch heute ist wieder rege Flugtätigkeit auf unserer Seite, das hat nie was Gutes zu bedeuten, doch soll man nicht so ängstlich sein.

Der Winter hat nun endgültig verspielt hier, heute haben wir ein regelrechtes Frühlingswetter, heute Mittag hab ich am Buffet schon geschwitzt wie im Hochsommer, wenn es dafür nur nicht gerade an Pfingsten schneit. Vielleicht ist gerade um diese Zeit dein nächster Urlaub fällig, aber leider sind dies vorerst noch Wunschträume, doch was nicht ist, kann ja immerhin noch werden, gell, mein Liebling. Immerhin, wenn man sich so jedes halbe Jahr mal sehen kann, da kann man bestimmt nicht von Zeitverschwendung sprechen, gell, Bubilein. Weiß Du, wie das ist, wenn wir täglich zusammen sein können, das kann ich mir einfach nicht vorstellen und doch weiß ich, dass es wunderbar schön sein wird.

Gestern Nachmittag war ich nochmal in Biebrich, heute ist nun Hans wieder abgereist, hoffentlich kann er noch vorläufig in Augsburg bleiben. So gegen 8.00 gestern Abend kam ich wieder heim, aber ganz nassgeregnet. Vor lauter Müdigkeit musste ich gleich in die Klappe gehen und heute habe ich um 12 Uhr Dienst und zwischendurch zum Zahnarzt. Jetzt hab ich meinen Brief schon fertig und muss immer noch warten.

Vom Bahnhof aus sende ich Dir nun herzliche Grüße und innige Küsse von Deiner Dich liebenden Hedi. Alle guten Wünsche begleiten Dich, mein Liebling!

Feldpost, zurückgeschickt mit dem Vermerk „Nähere Anschrift abwarten.“

Wiesbaden, den 6.2.1944

Mein innigstgeliebtes Bubilein!

Heute, am Sonntag, will ich Dir wieder einen lieben Heimatgruß senden, in der Hoffnung, dass Du, mein Liebling, noch gesund bist. Ob Du wohl auch keine Post von mir erhältst? Wenn nur diese Krise mal wieder überstanden ist und wenigstens die Transportverhältnisse wieder in Gange sind. Der Terrorangriff auf Frankfurt, Berlin wird wohl auch schwer in's Gewicht fallen, alles in allem der Krieg zeigt sich in seiner bittersten Phase. Seit gestern meldet nun der Nachrichtendienst, dass die schweren Kämpfe im Nordabschnitt etwas ruhiger geworden sind, mit einem Seufzer der Erleichterung vernahm ich es, doch wie lange noch und der Feind greift wieder mit neuen Kräften an. Bereits haben wir schon Februar und so hofft man, mit dem Vorrücken der Zeit, dass auch diese Winterschlacht ein Ende finden müsste, ob es die letzte war?! Hoffentlich, denn man kann es dann einfach nicht begreifen, warum dieses furchtbare Kriegsleben sein muss, ich spreche hier nur vom menschlichen Standpunkt aus, denn leider sind wir alle nur Menschen und können nie in Frieden leben, nach all den unsagbar vielen Opfern, die gebracht wurden und noch gebracht werden müssen. Leider kann das menschliche Gehirn nicht darüber entscheiden, nur muss der Gute auch für den Schlechten büßen, aber das ist Krieg.

Ja, mein Liebling, ich weiß, Du wirst ähnliche Gedanken haben, doch müssen wir uns halten, es geht um unser geliebtes Vaterland, nur flehe ich täglich das Schicksal an, von mir nicht das höchste Opfer zu verlangen, es würden wohl bald zwei Opfer werden, denn du, mein Liebling, sollst wieder zu mir und somit zu all Deinen Lieben zurückkehren, denn an diesem Punkt angelangt, hört meine

Gedankenkonzentration auf, wie es mit mir dann weitergehen soll, weiß ich nicht, ich kann mir dies einfach nicht vorstellen, ich weiß nur, dass mich das Heimweh nach Dir einfach aufzehren müsste. Doch mein Liebling, über dieses Thema kann ich nicht viel sprechen, Du wirst es wohl schon gemerkt haben, in meinen Briefen sowie in glücklich verlebten Urlaubstagen, es schnürt mir förmlich die Kehle zusammen und ich könnte in schmerzvolles Schluchzen ausbrechen. Doch mein geliebtes Bubilein, ich will Dir das Herz nicht noch schwerer machen, wie es Dir ohnehin schon ist. Du weißt, ich werde weiterhin tapfer bleiben, nur möchte ich jetzt ganz zärtlich meine Arme um Deinen Hals legen, Dir Dein trauriges Gesicht küssen und so innig mit Dir verbunden sein, denn ich weiß, wie schwer und wie traurig wird es Dir manches Mal zumute sein, doch mein Liebling, denke daran, dass Deine kleine Frau auf allen Deinen Wegen mit ihren Gedanken und so vielen Wünschen immer bei Dir ist und sich das künftige Wiedersehen mit der ganzen Kraft ihres Herzens in den schönsten Träumen ausmalt.

So will ich für heute Abend meine Zwiesprache mit Dir, mein Liebling, beenden, soweit geht es uns noch gut, auch haben wir vor Alarmen Ruhe, heute hatten wir ein schönes Februar-Wetter, das an Frühling erinnert. Hoffentlich trifft bald wieder ein Lebenszeichen von Dir ein mein Liebling, es sind bald 2 Wochen her, seit ich die letzte Post von Dir erhielt.

Nun nimm für heute die herzlichsten Grüße und innigsten Küsse von Deiner Dich immer liebenden Hedifrau.

N.B. Heute geht ein Päckchen für Dich ab, der Kalender, der beiliegt, ist von Deinen Eltern.

Wiesbaden, den 6.2.1944

Mein geliebtes Bubilein!

Heute endlich geht wieder ein kleines Kuchenpäckchen an Dich ab, mein Liebling, hoffentlich ist es bald in Deinen Händen, denn nach diesen schwierigen Transportverhältnissen in den jetzigen Tagen zu urteilen, dürfte es eine sehr lange Reise tun. Wie wird es Dir ergehen, mein Liebling, wenn ich nur endlich mal wieder Post von Dir hätte. Doch ich bin in einer erstaunlich guten Zuversicht dem Schicksal gegenüber, denn mein Inneres sagt mir, dass Du, mein Liebling, noch gesund bist und auch mit großer Sehnsucht an mich denkst.

So will ich heute Dir, mein Bubilein wieder alles, alles Gute wünschen, mit herzlichen Grüßen und innigen Küssen von Deiner Dich liebenden Hedifrau

Luftfeldpost, zurück mit dem Vermerk „Zurück an Absender. Neue Anschrift abwarten."

Wiesbaden, den 9.2.1944

Mein geliebtes Bubilein!

Heute will ich Dir wieder liebe Grüße aus der Heimat senden und zwar mit Luftpost denn ich hoffe, dass diese Briefe zuerst befördert werden. Nun geht es schon in die 3. Woche, seit ich die letzte Nachricht von Dir erhielt, mein Liebling, hoffentlich trifft bald wieder ein Lebenszeichen von Dir ein, denn so langsam wollen die Angstzweifel immer mehr Herr über mich werden, doch ich sage mir immer, das Furchtbare darf nicht wahr sein, ich fühle es, mein Liebling, dass Du auch mit großer Sehnsucht an mich denkst und so an uns alle hier in der Heimat.

Wie wird es Dir gehen, mein Bubilein, ob Du noch gesund bist, oder gar liegst Du irgendwo krank, wenn ich das nur ein einziges Mal wüsste. Morgens früh um 6.00 wache ich schon auf, nur um die Post abzuwarten, aber immer vergebens, so ist es auch abends, wenn ich vom Geschäft nach Hause komme, es will einfach kein Brief von Dir, mein Liebling, mehr kommen, doch so hoffen wir halt immer weiter, nur mit dem einen sehnlichsten Wunsch, dass das Schicksal uns nicht heimsuchen möge. Heute bin ich in Biebrich gewesen, da wartet man natürlich genauso sehr auf Post von Dir, doch man tröstet sich immer wieder mit Andern, es gibt viele Leute, die schon seit Dezember auf Nachricht aus Russland warten.

Soweit geht es uns allen noch gut hier, leider war gestern früh um 11.00 wieder ein Terrorangriff hauptsächlich auf Frankfurt, doch Wiesbaden bekam natürlich auch wieder was ab, d.h. in Biebrich und Mosbach sind viele Bomben gefallen. Du kannst Dir vorstellen, wie diese kleinen Häuschen alle zusammenfielen, Dein Vater wird Dir wohl noch Näheres darüber schreiben, ich kenne mich halt nicht aus. Weiter haben Biester die Einfahrtsgleise von unserem Bahnhof so ziemlich kaputt geschmissen, seit 2 Tagen hat unser Geschäft nachgelassen, weil kein Reiseverkehr ist, alles in allem es hat wieder genug Leid und Elend unter der Bevölkerung gegeben und das ist wahrscheinlich erst der Anfang, was will das erst im Lauf des Frühjahrs für Angriffe geben, doch man soll nicht zu schwarzsehen.

Das Schlimmste für mich z. Zt. ist, dass ich so lange ohne Post von Dir bin, mein Liebling. Neuigkeiten wüsste ich weiter keine, denn die kommen ja von Euch da draußen an der Front. Das Wetter ist doch noch etwas winterlich geworden, es schneit und regnet den ganzen Tag, wie wird das bei Euch sein, wahrscheinlich können wir uns hier in der Heimat gar keinen Begriff davon machen, wie über all das Schwere, das Ihr Männer da draußen zu ertragen und zu bekämpfen habt. Doch sind unsere Gedanken unentwegt bei Euch, das weißt Du, gell, mein Liebling, denn wie sehr meine Seele dauernd mit Dir beschäftigt ist, Bubilein, kann ich gar nicht beschreiben, manchmal sehe ich Dich richtig vor mir, oder höre Dich sprechen, dann denke ich immer an unsere letzten glücklichen Urlaubsstunden und bin dann für Sekunden in ein anderes Dasein entrückt, aber dann heißt es wieder, sich zusammenreißen, es muss ja noch so vieles überwunden werden, bis wir beide, Du und ich, mein Liebling, uns wieder in den Armen liegen dürfen.

So will ich denn für heute mal wieder schließen, es ist jetzt ½ 12.00 abends, vielleicht bekommen wir diese Nacht wieder Flieger-Besuch und da muss man bald vorher noch schnell ein bisschen schlafen.

Alle guten Wünsche, mein Liebling, begleiten Dich auf allen Deinen Wegen. Für heute sei herzlichst gegrüßt und innigst geküsst von Deiner Dich so sehr liebenden Hedifrau!

Luftfeldpost mit Nr. 3927, zurück mit dem Vermerk „Zurück an Absender. Neue Anschrift abwarten."

Wiesbaden, den 13.2.1944

Mein innigstgeliebtes Bubilein,

Heute will ich wieder einen lieben Sonntagsgruß aus der Heimat senden, in der Hoffnung, dass Du bald diese Zeilen in Händen haben möchtest. Doch mein Liebling, ich befürchte, dass es Dir geht wie mir und auch vergeblich auf Nachricht wartest. Ja, mein Liebling, es ist furchtbar, ich bin ganz verzweifelt, wenn ich nur einmal ein Lebenszeichen von Dir hätte. Denn das Furchtbare darf einfach nicht wahr werden, ich fühle es auch in mir, dass Du auch in großer Angst und noch viel größerem Heimweh an mich denkst. 3 Wochen hab ich nun keine Nachricht von Dir, mein Liebling, so lange hab ich noch nicht auf Post von Dir gewartet, doch welches Schicksal mag uns so bös mitspielen? Man hört im Allgemeinen, dass so wenig Post von der Nordfront kommt, wie wird da auch alles zerstört sein, vor allen Dingen hat es ja der Feind immer auf die Transportmöglichkeiten abgesehen. Doch nun hörte ich auch wieder, dass unsere Truppen zum Teil auch eingeschlossen sein könnten, ob Du vielleicht auch dabei bist, möge unser Herrgott Dir beistehen, mein geliebtes Bubilein, ich kann nur abwarten und die Hoffnung nicht verlieren, dass alles noch gut wird. Doch was wirst du, mein Liebling, alles aushalten müssen, das Herz kann mir vor Angst und Sorge bald stillstehen, aber ich werde nie aufhören, für Dich zu beten und zu bitten, dass Du, mein Liebling, am Leben bleiben musst, ja musst, denn ich kann mir ein Leben ohne Dich nicht mehr vorstellen, und ja, mein armes Bubilein, der Du so schwer das Leben erkämpfen musst.

Ich sende diese Zeilen wieder mit Luftpost, denn diese wird doch zuerst befördert. Mein Liebling, mach Dir um mich keine Sorgen, es geht uns noch gut hier in der Heimat. Bei mir ist es doch noch etwas Winter geworden.

So will ich Dir auch heute wieder meine besten Wünsche senden, mein geliebtes Bubilein, komm wieder, das ist mein herzliches Gebet für Dich.

So grüßt Dich tausendmal und küsst Dich in inniger Liebe

Deine kleine tapfere Hedifrau.

Feldpost, zurückgeschickt mit dem Vermerk „Zurück an Absender. Nähere Anschrift abwarten."

Wiesbaden, den 15.2.1944

Mein innigstgeliebtes Bubilein!

Heute will ich Dir wieder einen lieben Gruß aus der Heimat senden, wenn ich nur wüsste, ob Dich wenigstens meine Briefe erreichen, es wäre furchtbar für Dich, wenn auch Du, mein Liebling, so lange ohne Nachricht aus der Heimat wärest. Denn ich weiß, diese Sorgen könnten Dich ganz zermürben. Doch mein Liebling, mach Dir nur keine Gedanken um uns hier. Es geht uns gut und wenn auch mal wieder so eine Alarmperiode kommt, auch das geht immer wieder vorüber. Das Schlimmste für mich und so für uns alle ist, dass wir so lange ohne Nachricht von Dir sind, manchmal kann ich ganz die Fassung verlieren, besonders wenn morgens unser Briefkasten wieder leer ausgegangen ist, was nun schon 3 Wochen der Fall ist, ab morgen beginnt nun schon die 4. Woche. Ja, mein Liebling, es ist eine drückend schwere Zeit für mich, dieses Ungewisse, man denkt und überlegt, redet sich immer wieder Mut zu, dann zweifelt man mal wieder an seinem eignen Glauben. Doch eine innere Stimme sagt mir, dass Du genauso sehnsüchtig an mich denkst und nur keine Nachricht geben kannst, warum, das wirst Du mir dann später mal schreiben oder – erzählen, gell, mein Liebling.

Wenn nur dieser schreckliche Krieg mal ein Ende hätte, es ist manchmal rein zum Verzweifeln. Heute war Mauschen bei mir, leider sind sie in Biebrich auch ohne Post von Dir und so fragen wir hinüber und herüber und hoffen, dass der Tag nicht mehr so fern ist, wo endlich wieder ein Lebenszeichen von Dir eintrifft, mein Liebling. Denn Du musst wiederkommen, hörst Du, das Schicksal darf nicht so grausam sein und Dich mir nehmen, hier verlässt mich einfach die Kraft weiterzudenken, dann kann ich nur die Augen schließen und mir mit meiner ganzen Herzensstärke Deine Nähe vorstellen, sogar mit Dir sprechen, immer mit der innigen Fürbitte, dass Du, mein Bubilein, wieder zu mir zurückkehren sollst. Wie wird es Dir gehen, so Du noch gesund bist, wirst Du auch in diesen schweren Kämpfen sein, oder bist Du, was mir ganz furchtbar ist, eingeschlossen. Man könnte den Verstand verlieren, wenn man sich dies alles vor Augen führt, und doch heißt es immer wieder, Kopf hoch, es kann ganz anders sein, wie man es sich denkt, was wir auch von ganzem Herzen hoffen, wenn es nichts Schlimmes ist. Nur schade, dass von hier niemand bei Dir in Deiner Einheit ist, wenn man das wüsste, könnte man sich mal befragen, ob da vielleicht eine Nachricht eingetroffen ist, aber leider ist man nur auf sich selbst angewiesen, man hört nur im Allgemeinen, dass die ganze Zeit über fast keine Post von der Nordfront kam, doch so langsam trifft nun verschiedentlich wieder ein. So denke ich doch, dass diese Woche unbedingt eine Nachricht von Dir eintreffen muss, sonst weiß ich nicht mehr, was ich denken soll.

Hans hat nun noch mal 14 Tage Urlaub erhalten, doch wann werdet Ihr Euch mal wieder sehen, es ist ja alles so verkehrt auf der Welt.

Sonst gibt es keine Neuigkeiten zu berichten, es ist noch mal etwas Winter geworden, doch wohl die längste Zeit, bald wird es Frühling sein, die Tage haben schon ordentlich zugenommen. Diese Woche hab ich mal wieder Nachtdienst und meine Gedanken sind mit Recht Tag und Nacht bei Dir, mein Liebling. So will ich für heute mal wieder schließen mit schwerem Herzen und viel viel Heimweh nach Dir, Bubilein, bleibe stark und denke immer, einmal muss doch dieser Schwindel ein Ende haben.

Meine heißersehnten Wünsche begleiten Dich mit diesen Zeilen, nimm viele herzliche Grüße und innigste Küsse von Deiner Dich immer liebenden Hedifrau.

Luftfeldpost, zurück mit dem Vermerk „Zurück“ bzw. „Zurück an Absender. Neue Anschrift abwarten.“

Wiesbaden, den 17.2.1944

Mein Liebster!

Heute will ich Dir wieder einen lieben Heimatgruß schicken und somit meine letzte Luftpostmarke verwenden in der Hoffnung, dass Dich diese Zeilen bald erreichen!

Bis jetzt immer noch kein Lebenszeichen von Dir eingetroffen und so warte ich halt von einem Tag auf den andern, denn einmal muss doch wieder Post von Dir kommen, mein Liebling. Wie wird es Dir gehen, diese bange Frage bewegt mich dauernd und alle möglichen Gedanken könnten einem fast überwältigen, doch die Hoffnung immerhin im festen Vertrauen dem Schicksal gegenüber lässt mich immer wieder standhaft werden, denn ich weiß, deine Gedanken sind unentwegt auf der großen Reise in die Heimat. Hoffentlich sind die schwersten Kämpfe in deiner Gegend am Abebben, wie man den O.K.W.-Bericht verfolgt, dürfte das zutreffen bis auf einige besondere Punkte. Doch heißt es vorerst noch abwarten, einmal muss doch wieder Frieden auf der Welt sein. Mach Dir um uns hier keine Sorgen, mein Liebling, wir sind noch alle gesund und wohlauf, nur sind wir halt alle in sehr großer Sorge um dich, Bubilein.

Neuigkeiten gibt es weiter zwar keine, das Wetter ist winterlich doch angenehm. Z. Zt. haben wir Ruhe vor besonderen Besuchern. Hoffen wir, dass es einige Zeit anhält.

Von Addi kam heute ein Brief für Dich. Er wusste die andere Nr. noch nicht von dir, ich schicke ihn mit dieser Karte ab. Addi ist sehr in Sorge wegen seiner Eltern, hat von den letzten beiden Angriffen noch keine Nachricht, wir, Tante Aenne und ich, wollten mal nach Frankfurt fahren, nur weiß ich noch nicht wann.

Vorerst gibt es halt nichts Wichtigeres für mich, als auf Dein nächstes Lebenszeichen zu warten. Bin diese Woche im Nachtdienst, so vergeht ein Tag um den andern, ein Glück, dass man seine täglichen Pflichten hat, doch manchmal gibt es doch Stunden, wo man was immer ohne Hoffnung nicht zu tun braucht wie nachdenken, immer wieder nachdenken. Wenn ich nur wüsste, ob Du wenigstens Post erhältst, doch in dieser Beziehung hab ich auch wenig Hoffnung, der einzige Weg wird nur mit Luftpost sein und jetzt sind leider die Marken alle, wenn Du mir nur bald wieder welche schicken kannst.

So will ich es für heute denn mal wieder ganz sein lassen, morgen werde ich Dir wieder einen Postbrief schicken, einmal muss Dich ja auch meine Nachricht erreichen. Meine allerbesten Wünsche begleiten Dich stets, mein Liebling, bleibe weiterhin gesund und komme bald wieder, es grüßt Dich für heute herzlichst und küsst Dich in inniger Liebe, Deine Hedi.

Viele Grüße von Tante Aenne!

Von Fritz Winkler gab es ab Februar 1944 niemals mehr ein Lebenszeichen. Hedwig Winkler heiratete nicht wieder. Sie starb am 3. Juli 2005.

Hedwigs an Fritz gerichtete und aus Russland wieder zurückgeschickte Briefe fanden sich noch zugeklebt bei den Briefen von Fritz. Sie wurden im September 2016, also mehr als 72 Jahre nach ihrem Verfassen, von uns klopfenden Herzens und mit zitternden Fingern geöffnet. Sie bargen ein uns völlig unbekanntes Leben – und gaben es frei.

Anhang

O.U., den 9.1.44

Lieber Fritz!

Endlich komme ich heute dazu Dir Deinen Brief vom 4.11.43 zu bestätigen und meinen Dank zu sagen. Damals hattest Du noch Urlaub gehabt, inzwischen hatte ich mich verlobt, kam zur Truppe zurück und mußte gleich wieder los auf Vor-Kdo. So war ich wieder auf der Bahn. Ich liege unu am Mittelmeerstrand, an der Riviera. Es ist ja herrlich hier zu sein, aber das Klima läßt sich mit der Jahreszeit nicht vereinbaren. Denn man hat hier Weihnachten verlebt unter tropischer Einwirkung. EineWeihnacht als Deutscher muß eben weiß sein. Man weiß manchmal nicht das zu Hause Kälte herrschen soll. Im Urlaub hat mir ja unsere Schwiegermutter so manches erzählt von Euerer Hochzeit. Unsere Verlobung war in aller Ruhe abgelaufen. Es war auch sehr schön, Trudel und ich haben unsere Tage recht feierlich und günstig verbracht. So ein Urlaub ist ja was herrliches, aber der Abschied. Es muß die Scheiße bald zu Ende sein. Dieses Jahr kommt der große Sieg und damit endgültiger Frieden. Wir werden dann unsere Feiern gemeinschaftlich im engsten Kreise nachholen. Dann wird es aber auch Zeit damit. Wir leben aber immerhin nur in der Hoffnung und das Hoffen ist unser Halt. Zum Schluß schreibst Du:"Familie Winkler". Ich kann das zur Zeit noch nicht überprüfen, aber es kommt die Zeit, wo auch ich es prüfen kann. Bei mir gibt es weiter nichts Neues. Bei Hedwig und Tante Änne waren wir auch noch einmal ganz auf die Schnelle. Es läßt sich halt nicht schaffen in 14 Tagen. Ein Terrorangriff habe ich in Ffm auch mitgemacht. Ich bin im Verlobungsanzug über Trümmer zum Bahnhof gestolpert. Das war gerade in der Nacht als ich am andern Morgen nach Mehlingen gefahren bin. Trudel hatte schon große Sorge um mich gehabt. Ja, Fritz, das sind unsere Frauen. Immer der zarte, liebe Gedanke. Wir sind rauh, hart und finden aber trotzdem liebe Worte, dann wenn es gilt. Man darf ja auch nicht vergessen, daß wir Krieger sind und das wollen wir betont haben. 2 Jahre wieder zivilisiertes Leben, dann sind auch wir wieder anders. In diesem Sinne will ich schließen und Dir ein gutes neues Jahr wünschen mit weiterhin Soldatenglück. Denn das ist unser größter Wunsch. Gesund e Heimkehr!

So grüßt Dich herzlichst und alles Gute

Dein Schwager

Viele Grüße an Deine Hedi.

DEUTSCHES ROTES KREUZ · SUCHDIENST MÜNCHEN · VERMISSTENBILDLISTE

Lw. Jäg. Rgt. 17 Rgts. Stab, 13. u. 14. Kp.

FPN: 32126, 53611
39271, 42193

1. Zeile: Familienname, Vorname 2. Zeile: Beruf 3. Zeile: Geburtsdatum, LND-Buchstabe 4. Zeile: beheimatet 1939 5. Zeile: Dienstgrad, Zusatzbuchstabe zur Feldpost-Nr. 6. Zeile: Ort und Zeit der letzten Nachricht

Albrecht Willi –
Stellmacher
14.10.15 T
List/Ostfriesland
Ogfr.
Leningrad 1.44

Ezrodt Karl
Schuhmacher
10.2.09 T
Bösenrode/Thür.
Ogfr.
Oranienbaum 1.44

Giese Walter
Verw.Angest.
18.4.19 O
Breslau
Ogfr.
Oranienbaum 1.44

Helfer Gotthard
Kfm.Angest.
17.12.23 W
Striegau/Schlesien
Gfr.
Oranienbaum 1.44

Jungmann Hans
Kfm.Angest.
27.2.22 T
Dessau
Ogfr.
Rogachs 7.44

Mager Hans Werner –
Graveur
31.7.23 X
Ennepetal/Westf.
Ogfr.
Leningrad 1.44

Planer Rolf –
Schlosser
21.8.20 O
Bollberg/Thür.
Ogfr.
Kinkisep 1.44

Reinert Kurt
Landarbeiter
29.1.22 B
Rösslingen/Schl.
Ogfr.
Oranienbaum 1.44

Reinhardt Herbert
Klempner
3.8.13 KS
Jüterbog/Brdbg.
Uffz.
Oranienbaum 1.44

Rosenthal Heinz
Schriftsetzer
25.5.13 N
Berlin
Jg.
Narwa 2.44

Rudolf Willi –
Former
13.6.13 J
Leipzig
Ogfr.
Leningrad 10.44

Schmid Josef
Landwirt
18.4.23 A
CSR
Gfr.
Terwolewo 1.44

Welteroth Willi
Dreher
15.11.19 W
Wasserheß/Rhld.
Ogfr.
Oranienbaum 1.44

Weyh Karl
Beamter
25.4.12 C
Bielefeld/Rhld.
Gfr.
Terwolewo 1.44

Wilimzig Siegfried
o.A.
10.11.22 KS
Ostpreußen
Uffz.
Sowjetunion 12.43

Winkler Friedrich
Koch
20.3.19 C
Wiesbaden
Uffz.
Oranienbaum 1.44

Zugelder Alfred
Landwirt
25.12.20 B
Waldstetten/Baden
Ogfr.
Oranienbaum 1.44

1. Zeile: Familienname, Vorname 2. Zeile: Beruf 3. Zeile: Geburtsdatum, LND-Buchstabe 4. Zeile: beheimatet 1939 5. Zeile: Dienstgrad, Zusatzbuchstabe zur Feldpost-Nr. 6. Zeile: Ort und Zeit der letzten Nachricht

Russland - Suchaktion.

Eing.: - 1. SEP. 1944

Das O.K.W. lässt nunmehr auch Eingaben von Angehörigen Vermisster zur Weiterbeförderung nach Russland zu. Ein Weg, der bisher nur denjenigen offen stand, die schon ein Lebenszeichen erhalten hatten, um darauf zu antworten. Er ist soweit nun auch für unsere Nachforschungen geöffnet worden. Die Angaben sind an Generaloberst HEITZ, Kriegsgefangenenlager No, 27 der UdSSR. zu richten.

Vor-und Zuname: Friedrich Winkler

Feldpost-Nr.: 39 271 / Dienstgrad: Uffz.

vermisst am: in der 2ten Januarhälfte 1944 Geburtsdatum: 20. III. 1919 Ort: Biebrich a. Rh. Grösse: 1.80 m

Kriegsschauplatz: südwestlich Leningrad Bemerkung: Uffz. Winkler war in der Feldküche.

Heimatanschrift: Friedrich Winkler Wiesbaden-Biebrich v. d. Tannstr. 6

Anschrift des Einsenders und Verwandschaftsgrad: Ehefrau
Frau Hedwig Winkler Wiesbaden Bismarckring 5 des Vermissten

2 Briefumschläge

An die
Wehrmachtsauskunftstelle für Kriegerverluste und Kriegsgefangene
Referat VI in
(15) S a a l f e l d /Saale

Wehrmachtauskunftstelle für Kriegerverluste und Kriegsgefangene beim Oberkommando der Wehrmacht

Saalfeld-Saale, Datum des Poststempels
Prinz Louis Ferdinand Kaserne

An

Frau
Hedwig Winkler

Betrifft: Nachrichtenübermittlung nach der UdSSR; Ihr Schreiben an Generaloberst H e i t z .

Seit Ende 1942 sind auf verschiedenen Wegen vereinzelte Briefe und Postkarten von vermissten deutschen Soldaten aus der Sowjet-Union eingegangen. Da in diesen Nachrichten fast gleichlautende Angaben über das Befinden der Vermissten gemacht werden, ist der Argwohn berechtigt, dass die Karten unter Zwang geschrieben werden mussten und offenbar feindlichen Propagandazwecken dienen sollen.

Diese Ansicht würde dadurch erhärtet, dass die Sowjet-Union auf Anfragen vermittelnder neutraler Staaten amtlich erklären liess, " dass sie keine Auskunft über die in ihre Hände geratenen deutschen Kriegsgefangenen gäbe und dass sie in Zukunft derartige Anfragen unbeantwortet lassen würde."

Auch anerkannte internationale Hilfsgesellschaften mussten ihre jahrelang fortgesetzten Bemühungen aufgeben, da ihnen von der Sowjet-Union keine Möglichkeit geboten wurde, eine Nachrichtenverbindung zu den deutschen Kriegsgefangenen herzustellen.

Obwohl das Oberkommando der Wehrmacht in Kenntnis dieser Sachlage von jeher überzeugt war, dass die Sowjet-Union Antwortpost aus der Heimat den Kriegsgefangenen nicht zustellen würde, ist trotzdem auf Wunsch einzelner Angehöriger versucht worden, Antwortpost aus der Heimat an die Kriegsgefangenen aufzuliefern.

Nunmehr - nach 3 Jahren Krieg mit der Sowjet-Union - steht einwandfrei fest, dass in keinem einzigen Fall der Empfang eines aus Deutschland abgegangenen Briefes von einem deutschen Kriegsgefangenen in UdSSR bestätigt wurde. Somit ist ein weiterer Beweis für die Auffassung des Oberkommandos der Wehrmacht erbracht, dass die Sowjet-Union Kriegs-

L 1030

gefangenenpost nur aus propagandistischen Gründen und nicht etwa aus Gründen der Menschlichkeit versenden lässt.

Auch die Antwortpost der Heimat kann den Sowjets deshalb nur unter den Gesichtspunkten ihrer Propaganda wertvoll erscheinen und keinesfalls dazu dienen, eine Verbindung der Kriegsgefangenen mit der Heimat sicherzustellen.

Bei dieser Sachlage sieht sich das Oberkommando der Wehrmacht genötigt, die in letzter Zeit aufgelieferten Briefe zurückzugeben, da keine Möglichkeit der Zustellung gegeben ist.

Sollte die Postzustellung nach der UdSSR später auf irgend eine Weise doch noch möglich werden, so erhalten Sie sofort weitere Nachricht.

Es wird daher gebeten, von weiteren Rückfragen Abstand zu nehmen, da die Wehrmachtauskunftstelle aus arbeitsmässigen Gründen leider nicht mehr in der Lage ist, die Anfragen einzeln zu beantworten. Das Oberkommando der Wehrmacht bedauert, Ihnen im Augenblick keinen günstigeren Bescheid geben zu können.

Heil Hitler!

I. A.

Deutsche Dienststelle

für die Benachrichtigung der nächsten Angehörigen
von Gefallenen der ehemaligen deutschen Wehrmacht

Berlin

Deutsche Dienststelle (WASt), 13400 Berlin

Frau
Ursula Simgen-Buch
An den Neuwiesen 16
67677 Enkenbach-Alsenborn

Geschäftszeichen:
(Bei Rückfragen bitte Geschäftszeichen, Namen und Geburtsdaten angeben)
II B 4 - 677/161110/319
Bearbeiter/in:
Hr. Kühmayer
Zimmer:

Telefon:
(0 30) 4 19 04 290

Telefax:
(0 30) 4 19 04 100

Datum:
23.12.2016

Ihr Schreiben vom 08.11.2016
Kriegsschicksal des Fritz Winkler, Wiesbaden

Sehr geehrte Frau Simgen-Buch,

trotz der unvollständig angegebenen Personalien konnte der betreffende Kriegsteilnehmer in dem hier überlieferten Wehrmachtschriftgut aus der Zeit des 2. Weltkrieges festgestellt werden. Es handelt sich um:

Fritz Winkler, geb. 20.03.1919 in Biebrich.

Die Heimatanschrift bei den Eltern zur Kriegszeit ist mit „Wiesbaden-Biebrich, von der Tann-Str. 6" angegeben. W. war seit 1943 mit Hedwig W. (Wiesbaden, Bismarckring 5) verheiratet.

Genannter gilt laut Meldung der Truppe seit Januar 1944 bei Oranienbaum/Leningradfront als vermisst. Sein Kriegsschicksal ist bis heute ungeklärt. Er wurde durch Beschluss des Amtsgerichtes Wiesbaden vom 17.09.1969 (Az. 41 II 20-21/69) für tot erklärt.

Fritz Winkler war zuletzt Unteroffizier, sein letzter Truppenteil die 12. Kompanie/Luftwaffen-Jägerregiment 17 (Feldpostnummer 39271). Die Einheit unterstand der 9. Luftwaffen-Felddivision, Einsatz Winter 1943/44 an der Lenigradfront, Kessel von Oranienbaum.

Anliegend finden Sie einen Auszug aus der in der Nachkriegszeit vom Deutschen Roten Kreuz, Suchdienst München, durchgeführten Registrierung der Kriegsvermissten. Möglicherweise findet sich dort noch das Originalfoto.

Mit freundlichen Grüßen
Im Auftrag
Kühmayer

Dienstgebäude:
Eichborndamm 179
13403 Berlin
E-Mail: dd-info@dd-wast.de
Internet: http://www.dd-wast.de

Fahrverbindungen:
Bus 221
U-Bhf. Rathaus
Reinickendorf (U8)

Sprechzeiten:
Mo.-Mi. 9.00-14.00 Uhr
Do. 10.00-18.00 Uhr
Fr. 9.00-13.00 Uhr

Zahlungen bitte
bargeldlos an die
Landeshauptkasse,
10789 Berlin

Geldinstitut	Kontonummer	Bankleitzahl
Postbank Berlin	58-100	100 100 10
Berliner Bank	513 480 401	100 708 48
Berliner Sparkasse	0 990 007 600	100 500 00

WASt 121 (7/10)

Danksagung

Für das Vorlesen der Briefe von Fritz, die, sämtlich in Sütterlinschrift verfasst, für uns leider nicht zu lesen waren, danken wir Hedwigs Schwester und meiner Mutter, Eugenie Simgen.

Hedwigs Schwester Lissi Schmitt hat uns sehr dabei geholfen, einzelne Personen auf den vielen alten Fotos, die sich ebenfalls in dem Koffer befanden, zu identifizieren. Dafür sei ihr herzlich gedankt.

Für die Unterstützung bei der Digitalisierung des gesamten Materials sage ich meinem jüngsten Sohn Nathanael herzlichen Dank.

Für das geduldige Korrekturlesen und das Layout danke ich meinem ältesten Sohn Manuel.

Unserer Cousine Uta Eckhardt aus Frankfurt a. M. (Schauspielerin und Tochter des im Briefwechsel erwähnten Paares Trudel & Addi) sei Dank für ihre intensive Anteilnahme an diesem Projekt, für ihre finanzielle Unterstützung sowie für ihre Bereitschaft, bei Lesungen zu diesem Briefwechsel mitzuwirken.

Der so liebenswerten wie empathischen Künstlerin Marie Gouil kann ich nicht genug danken für ihre spontane Bereitschaft, die Gestaltung unseres Briefeschatzes kreativ zu unterstützen.

Der Provinz 80 Programmkino GmbH danke ich für die Bereitstellung von Materialien und Geräten sowie für die Möglichkeit, Veranstaltungen zu diesem Thema durchzuführen. Dem Geschäftsführer der Provinz 80, Stefan Sprengart, möchte ich Dank sagen für seine ideelle und finanzielle Unterstützung.

Meiner Familie – Otmar, Manuel, Sebastian, Raphael und Nathanael – danke ich für ihre Unterstützung in jedweder Hinsicht.

Meinem Bruder Wolfgang bin ich sehr dankbar für seine großzügige finanzielle Unterstützung.

Allen voran aber möchte ich meiner Cousine Karin Helf danken für ihren Respekt im Umgang mit diesen wunderbaren

Briefen, für ihre außergewöhnliche Fähigkeit, den richtigen Zeitpunkt für das Öffnen des Koffers und das Eintauchen in eine uns völlig fremde Welt abzuwarten, sowie für ihre unablässige Unterstützung bei der Suche nach weiteren Spuren eines Lebens, dessen Tragik uns viel zu spät bewusst wurde – und für ihre finanzielle Unterstützung.

Über die Herausgeberin

Das eigene Leben und das ihrer Mitmenschen durch vielerlei Arten der Kunst zu bereichern, spielte schon immer eine große Rolle im Leben von Ursula Simgen-Buch. So verantwortet die vierfache Mutter, die mehrere Jahrzehnte lang an der Kreismusikschule Kaiserslautern unterrichtete, die Literaturauswahl des Weltladens Kaiserslautern und organisierte zahlreiche Veranstaltungen, bei denen sie gekonnt Musik und Literatur miteinander verband.

Als Betreiberin zweier Programmkinos, die bereits auf Landes- und Bundesebene ausgezeichnet wurden, arbeitet sie häufig mit Künstlern zusammen, zu denen auch die Französin Marie Gouil gehört, deren Zeichnungen diesen Briefwechsel stimmungsvoll illustrieren.